David V. Tansley

Energiekörper

Mit 122 (davon 15 farbigen) Abbildungen

Kösel-Verlag München

Übersetzung aus dem Englischen
Michael Sauerbrei, Frankfurt/Main

Für Daron, Donna und Denny

CIP-Kurztitelaufnahme der Deutschen Bibliothek

Tansley, David V.:
Energiekörper / David V. Tansley. [Übers. aus
d. Engl. Michael Sauerbrei]. – München : Kösel,
1985. –
  Einheitssacht.: Subtle body ⟨dt.⟩
  ISBN 3-466-34114-0

Die Originalausgabe erschien unter dem Titel „subt-
le body. Essence and Shadow" in der Reihe „Art and
Imagination"
© 1977 David V. Tansley
General Editor: Jill Purce
ISBN 3-466-34114-0
© 1985 für die deutsche Ausgabe by Kösel-Verlag
GmbH & Co., München. Printed in Jugoslawien.
Alle Rechte vorbehalten.
Satz: Kösel, Kempten

Inhalt

Der Mensch – Wesen und Schatten 5

Der Tempel des menschlichen Körpers 8
Der dreifache Weg der Wirbelsäule 10
Das Herz – Kammer des Lichts 12
Das Blut – die geheimnisvolle Essenz 13
Die Drüsen – Hierarchie des Gleichgewichts 14
Der Abstieg des Geistes in die Materie 17
Der Strahlenkörper 20
Formen und Felder 21
Chakras – Tore zum Bewußtsein 26
Heilen und dynamisches Gleichgewicht 28
Meditation – der innere Aufstieg 30

Bildtafeln 33

Themen 65

Die Aura in der Medizin 66
Heilen durch Handauflegen 68
Akupunktur 70
Ätherische Formkräfte 72
Die Aura in der Kunst 74
Gesichts- und Kopfschmuck 76
Das dritte Auge 78
Bewußtseinsebenen 80
Empfänger und Überträger von Energie 82
Symbole der Chakras 84
Die Schlange als Symbol spiritueller Kraft 86
Die Seele 88
Meditation und Gebet 90
Der Weg der Initiation 92
Der Quantensprung des Bewußtseins 94

Literatur und Bildnachweis 96

Öffne dein Wesen Gott,
verharre in der Stille.
Das Leben steigt und schwindet,
Geburt, Wachstum und Wiederkehr,
ein rhythmischer Bogen von Ursprung zu Ursprung.
Im Rhythmus ist Stille,
ruhige Hingabe;
in der Hingabe der Seele ist Frieden,
Versenkung in Ewigkeit,
und so das Große Licht!

Laotse

Alle Teile der Wirklichkeit des Körpers sind Versionen in Fleisch der Wirklichkeit der Seele, so wie alle Segmente des äußeren Universums ein inneres spiegeln.

Jane Roberts

Das Studium der menschlichen Seele gehört ins Gebiet der Anatomie.
Andreas Vesalius

Der Mensch – Wesen und Schatten

Seit Jahrtausenden glauben Menschen daran, daß ihre körperliche Form nur eine Reflexion feinstofflicher Körper ist und daß diese unsichtbaren, sich durchdringenden Formen in ihrer Totalität die Natur Gottes widerspiegeln, der gleichsam der kosmische, im Raum an das Kreuz der Materie genagelte Mensch ist.

Die meisten, wenn nicht sogar alle spirituellen und philosophischen Schriften und Lehren geben Zeugnis von dieser Vorstellung. Die alten Ägypter, Chinesen und Griechen, die nordamerikanischen Indianer, die Stämme Afrikas, die polynesischen Kahunas, die Inkas, die frühen Christen, die vedischen Seher Indiens und die mittelalterlichen Alchimisten und Mystiker Europas sahen im Menschen und seiner körperlichen und feinstofflichen Anatomie den Schlüssel zur Natur Gottes und des Universums.

Shankara (Shankaracharya), einer der größten Mystiker des alten Indiens, schreibt in seinem Buch *Das höchste Juwel der Erkenntnis*: „Der Mensch ist mehr als sein Schatten." Hunderte von Jahren später griff in der Renaissance der Naturphilosoph Paracelsus dieses Thema wieder auf. Er sagte, daß sich bei richtiger Betrachtung der Natur zeige, daß es noch eine andere Seite des Menschen gebe: Der Mensch bestehe nicht nur aus Fleisch und Blut, sondern auch aus einem Körper, der für unser normales Auge nicht sichtbar sei. Der Seher Jakob Böhme drückt diese Erkenntnis in seiner Abhandlung *Aurora* noch stärker aus:

> Nun tue die Augen auf und siehe dich selber an: Ein Mensch ist nach dem Gleichnis und aus der Kraft Gottes in seiner Dreiheit gemacht. Schaue deinen inwendigen Menschen an, so wirst du das hell und rein sehen, so du nicht ein Narr und unvernünftig Tier bist.

Allen philosophischen und religiösen Lehren der antiken Welt liegen diese Beziehungen zwischen der Natur des Menschen und Gottes zugrunde. Ihre traditionellen Lehren waren grob in zwei Kategorien eingeteilt: Eine für diejenigen, die die tieferen Mysterien der Natur nur wörtlich verstehen konnten und die Kräfte des Universums als Götter und Göttinnen verehrten, und eine andere für diejenigen, die über die Götterbilder hinaus die darin enthaltenen abstrakten Wahrheiten und spirituellen Realitäten erfassen konnten. Menschen der zweiten Gruppe bildeten oft Schulen oder Bruderschaften, in denen die innere oder esoterische Bedeutung der Lehren erklärt wurde. Dieser esoterische Inhalt bildete ein Wissensgebäude, die sogenannten Mysterien, und ihre Geheimnisse wurden in symbolischer Ausdrucksweise an die Schüler weitergegeben, um sicherzustellen, daß nur Initiierte Zugang zu den starken Kräften der Natur erhielten und diese zum Nutzen anderer anwenden konnten. Jede Zivilisation hat ihre eigenen Mysterien. Viele esoterische Schulen blühten, im Westen u. a. der Hermes-, Isis-, Eleusis- und Mithraskult, die Druiden und die Rosenkreuzer. Der Aspirant erfährt durch Studium und Kontemplation der Lehren, wie ein tieferes Verständnis seiner Beziehung zu Gott ihn schließlich zu einem Zustand bewußter Einheit mit der Gottheit führt.

Die grundlegende Vorstellung aller Mysterien ist, daß der Mensch eine dreifache Natur hat: Geist, Seele und Körper. Der Geist des Menschen wird als die wahre Essenz, als unsterblicher Samen angesehen: als Funke des göttlichen Geistes und Vater im Himmel. Der Geist ist von Natur aus männlich, und der Körper, der aus Materie besteht, ist sein erdhafter weiblicher Gegenpol. Wenn diese polaren Gegensätze zu einer Einheit werden, dann wird die Seele geboren. Diese ist nach griechischer Tradition ein strahlender Lichtkörper, „augoeides" (Strahlungsform). Damascius schrieb über diesen Körper:

> Im Himmel ist unser strahlender *augoeides* voll himmlischer Strahlung; ein Glorienschein durchströmt seine Tiefen und verleiht ihm göttliche Kraft. Aber in niederen Zuständen verliert er seine Strahlungskraft; er wird sozusagen schmutziger, wird immer dunkler und materieller.

Damascius spricht hier wie die Mystiker aller Schulen davon, daß das Licht der Seele auf dem Wege zur Inkarnation durch den Abstieg in die gröbere Materie schwächer wird. In der Bibel wird im Gleichnis vom verlorenen Sohn die Analogie des Schattens benutzt, der auf das weite Land fällt. Im *Phaidros* sagt Platon, daß die Seele des Menschen in seinem Körper gefangen sei wie eine Auster in ihrer Muschelschale. In den Veden, den heiligen Schriften Indiens, wird der Mensch als „Honigesser" bezeichnet: Er kommt zum Bienenstock der Seele, um am göttlichen Nektar des Geistes teilzuhaben.

Nach der *Bhagavad Gita* ist die Seele des Menschen durch drei Hüllen oder Körper verdeckt: die des Verstandes, die des Gefühls und die der festen Materie. Diese drei Ebenen müssen während der langen Reise zurück zum Hause des Vaters unter die Herrschaft der Seele kommen. Die Methoden dafür werden in allen esoterischen Schulen gelehrt. Zuerst wird der Schüler ermahnt: „Erkenne dich selbst", und nach einem theoretischen Entwurf über seine wahre Natur gelangt er durch die körperliche, emotionale und geistige Reinigung durch die Disziplin des Gebets, des Studiums und der Meditation und durch andere Kasteiungen zu einer direkten Wahrnehmung der Seele und des Geistes. So lernt der Schüler, das Licht der Seele in die Dunkelheit der drei Welten hinein leuchten zu lassen und die Beschränkungen der Materie zu überwinden.

Alle esoterischen Traditionen stimmen darin überein, daß der Mensch aus einer Vielzahl von Körpern besteht, die sich von seiner physischen Form unterscheiden. Die Kahunas teilen den Menschen z. B. grob in drei Teile ein: das niedere Selbst, das mittlere Selbst und das höhere Selbst, das sie *aumakua,* den „unbedingt vertrauenswürdigen Geist", nennen. Jeder dieser drei Aspekte ist jeweils in weitere drei eingeteilt; dazu kommt der physische Leib, so daß sich zusammen zehn Elemente ergeben. Andererseits spricht die Lehre des Tarot davon, daß der Mensch aus drei, fünf oder sogar sieben Körpern bestehe. Das ist verwirrend, wenn man sich diesem Thema nur mit dem Verstand nähert, denn die verwendete Terminologie dient oft der Tarnung: sie bringt denjenigen Erkenntnisse, die intuitiv arbeiten, und stürzt andere in Verwirrung, die für die inneren Wahrheiten noch nicht bereit sind. Die verbalen und bildlichen Analogien der subtilen Anatomie des Menschen sind nur „Finger, die auf den Mond weisen". Sie sind nur Wegweiser und dürfen nicht mit der Realität verwechselt werden.

In Carlos Castanedas Buch *Der Ring der Kraft* zeichnet der Zauberer Don Juan in die Asche einer Feuerstelle den Lichtkörper des Menschen und ermahnt Castaneda, sich selbst nicht als festen Körper vorzustellen. Als Castaneda ihn darauf hinweist, daß diese Zeichnung anders sei als die letzte, erwidert Don Juan, daß die äußerliche Form nicht wichtig sei. Mit anderen Worten: Laß dich vom Symbol nicht fangen, sondern schau darüber hinaus

Der indische Affengott Hanuman hält zwei göttliche Figuren in seinem Herzen. Er ist ein Symbol für die geistigen Kräfte, die in der tierischen Form ruhen. (Hanuman trägt Shiva und Parvati in seinem Herzen, Zeichnung aus Kalighar, Indien, ca. 1880, British Museum, London.)

auf die Realität. Ein grundlegendes intellektuelles Verständnis der feinstofflichen Körper ist wichtig, aber diese Form des Wissens muß transzendiert und in Erfahrung verwandelt werden. Nur so erlangt der Suchende ein wahres Wissen über sein inneres Wesen.

Es gibt hellseherisch begabte Menschen, die den feinstofflichen Körper von Menschen wahrnehmen können; aber diese Form der Wahrnehmung steht nicht allen offen. Das Fehlen dieser Wahrnehmungsfähigkeit sollte Sie aber nicht daran hindern, die innere Natur des Menschen zu erforschen, sondern vielmehr ein Ansporn sein. Denn durch ein solches Studium entwickeln Menschen oft die höhere Fähigkeit der intuitiven Wahrnehmung, die genauer ist als Hellsichtigkeit.

In ihrer *Geheimlehre* zitiert Madame Blavatsky eine Stelle aus den buddhistischen Lehren, die auch gut auf das Studium der Feinstofflichkeit des Menschen paßt:

> Der Buddha gebot uns, nicht deshalb etwas zu glauben, weil jemand es gesagt hat; noch Traditionen, weil sie uns aus der Antike überliefert sind; noch Gerüchten an und für sich; noch den Schriften von Weisen, weil sie von Weisen geschrieben wurden; noch Vorstellungen, von denen wir meinen, ein Deva habe sie uns eingegeben (d. h. wenn man eine geistige Eingebung voraussetzt); noch Rückschlüssen, die wir aus irgendeiner zufälligen Annahme ziehen; noch aufgrund einer scheinbaren analogen Notwendigkeit; noch der bloßen Autorität unserer Lehrer oder Meister. Wir sollen dann glauben, wenn die Schriften, die Lehre oder der Spruch durch unseren eigenen Verstand und unser Bewußtsein erhärtet wird. „Deshalb", sagte er zum Schluß, „habe ich euch gelehrt, nicht nur darum zu glauben, weil ihr es gehört habt, sondern wenn ihr aus eurem Bewußtsein glaubt, entsprechend und aus dem vollen zu handeln."

Alice Bailey, die in die Fußstapfen von Madame Blavatsky trat und einem tibetischen Meister namens Djwhal Khul als Sekretärin diente, benutzt im Vorwort zu ihrem Buch *Eine Abhandlung über Kosmisches Feuer* dasselbe Zitat. Sie fügt hinzu, daß die Bereitschaft, esoterischen Lehren mit Aufgeschlossenheit zu begegnen, für die Entwicklung von Intuition und spiritueller Erkenntnis wichtig ist. Ihre Schriften geben eine sehr klare Beschreibung der feinstofflichen Körper des Menschen.

Der Tempel des menschlichen Körpers

In vielen religiösen Lehren wird der Körper des Menschen als Schöpfung des göttlichen Architekten bezeichnet und als Tempel symbolisiert. In der Bibel wird der Mensch als heilige Stadt Hesekiels, als Tabernakel in der Wildnis oder Tempel Salomos und Serubabels bezeichnet. Paulus sagt: „Wißt ihr nicht, daß ihr der Tempel des lebendigen Gottes seid?" Jesus selbst sagte: „Zerstört diesen Tempel, und in drei Tagen werde ich ihn wieder errichten." In allen Ländern der Erde wurden Tempel in der Form eines stilisierten menschlichen Körpers gebaut. Der großartige ägyptische Tempel bei Karnak, die jüdischen Tabernakel und die Tempel Indiens sind nach dieser Form erbaut. Die meisten christlichen Kirchen sind in der Form eines Kreuzes angelegt. Damit geben sie das Bild eines menschlichen Körpers wieder, welcher mit ausgestreckten Armen auf dem Rücken liegt. In den Upanishaden beschreiben die indischen Seher den Körper als Stadt Brahmans, eine

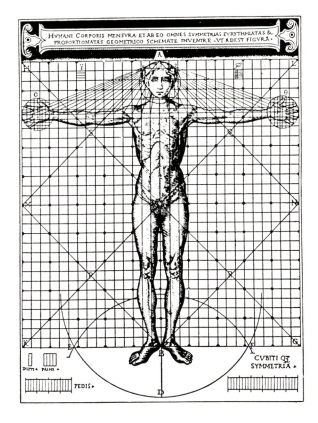

Die Proportionen des Makrokosmos, die sich im Menschen widerspiegeln, wurden von eingeweihten Baumeistern bei der Konstruktion von Tempeln, Kirchen und Kathedralen benutzt. So wurden die göttlichen Mysterien in religiösen Strukturen aufbewahrt. (Der menschliche Körper als Quelle architektonischer Proportionen, nach Cesarianos Ausgabe des Vitruvius. Nach Hall, „Man, Grand Symbol of the Mysteries".)

himmlische, angenehme Wohnstatt, in der die Lotosblume des Herzens wie in einem Haus wohnt. Paracelsus schrieb im gleichen Sinne, daß der Sitz der Seele im Herzen sei und daß der Körper das Haus der Seele sei. Östliche und westliche Lehren besagen, daß die Seele des Menschen im Herzen wohne. Daraus entstand die Verehrung der menschlichen Körperform als eines Tempels, in dem ein Gott wohnt.

Alle Tempel wahrer spiritueller Hingabe sind dreigeteilt: in einen äußeren Hof, einen inneren Hof und das Allerheiligste. Es überrascht nicht, daß die menschliche Form eine entsprechende Dreiteilung aufweist: in Unterleib, Beckengürtel und Sacrum (Kreuzbein). In diesem Bereich befinden sich die Eingeweide und die Fortpflanzungsorgane. Er entspricht dem äußeren Tempelhof. Dieser ist eine Darstellung des Raumes, in dem der Kandidat an Ritualen teilnimmt, die ihm bei seiner ersten bedeutungsvollen Bewußtseinserweiterung helfen. In dieser Phase seiner Schulung lernt er die verschiedenen Aspekte des Denkens und die richtige Anwendung des niederen Bewußtseins kennen. Dieser Teil des Bewußtseins wird oft als „Töter der Realität" bezeichnet, denn wenn er überaktiv wird, zieht er Energien vom höheren oder intuitiven Bewußtsein ab und kann einen Menschen zeitweise von der Quelle seines Wesens abschneiden.

Durch das Zwerchfell wird die kastenförmige Struktur der Rippenhöhle vom Unterleib getrennt. In dieser sind Herz und Lunge, Organe des Lebens und der Vitalität, enthalten. Dies ist der innere Hof oder Heilige Bezirk in Salomos Tempel. Das Herz wird oft als Initiationskammer bezeichnet, die auf dem Zwerchfell sitzt, welches die irdischen Welten von denen der Seele und des Geistes trennt. Hier lernt der Initiand die Kraft der Seele und ihre Funktion auf der Ebene des abstrakten Denkens kennen.

Der Raum des Allerheiligsten ist durch den Kopf repräsentiert. Er enthält das Gehirn, die Zirbeldrüse und die Hypophyse (Hirnanhangdrüse). Letztere wurden von den Priester-Ärzten lange als Organe spiritueller Wandlung angesehen. In diesem Raum steigt der Initiand zur dritten Stufe auf. Der christliche Mystiker Meister Eckhart meinte vielleicht diese Erfahrung, als er schrieb:

> Der Verstand ist die höchste Kraft der Seele, und mit ihm erfaßt die Seele die göttliche Güte. Der freie Wille ist die Kraft, sich an der göttlichen Güte zu erfreuen, die der Verstand ihr mitteilt. Der Seelenmensch, der seine engelhafte Natur transzendiert und vom Verstand geleitet wird, sticht die Quelle an, aus der die Seele fließt. Der Verstand selbst wird mit allen Dingen, die einen Namen tragen, draußen gelassen. So verschmilzt die Seele in reiner Einheit.

Am Hochaltar in seinem Kopf betet der Initiand beständig zu Gott, denn von diesem Zeitpunkt an ist ihm die göttliche Gegenwart in allen Dingen bewußt, und sein Leben wird ein Gebet. Er ist in den heiligen Bezirk des Allerheiligsten eingedrungen und hat gelernt, die göttliche Liebe und den göttlichen Willen durch die Verbindung von Kopf und Herz auszudrücken. Dadurch wird er zum Diener der Menschheit. Er kennt nun die Bedeutung des alten Spruchs: „Wie ein Mensch in seinem Herzen denkt, so ist er."

Der dreifache Weg der Wirbelsäule

Die Wirbelsäule verbindet die drei Höfe des Körpertempels. Esoterisch gesehen ist dies eine sehr vitale und signifikante Struktur. Am unteren Ende der Wirbelsäule ruht zusammengerollt die Schlangenkraft, Kundalini. Mme. Blavatsky nannte sie die „fohatische" oder elektrische Kraft; diese große, ursprüngliche Kraft durchdringt jede organische und anorganische Materie. Bei der Entwicklung des Individuums entrollt sie sich und steigt entlang der Wirbelsäule auf. Auf ihrem Weg von den niederen Bereichen der Dunkelheit zum Licht des Geistes bewirkt sie eine spirituelle Erneuerung. Die alten Ägypter betrachteten die Wirbelsäule als eine Verbindung zwischen den oberen und den unteren Himmeln, die eine vitale, unterstützende Kraft darstellte.

Die bewegliche Wirbel-„Säule" besteht aus 33 Knochensegmenten oder Wirbeln, deren Hauptaufgabe darin besteht, das Rückenmark zu beherbergen und zu schützen, welches das Hauptelement des Zentralnervensystems ist. Die Zahl 33 hat eine tiefe spirituelle Bedeutung. Die Geheimunterschrift des in den Mysterien bewanderten Francis Bacon war 33. Jesus Christus wurde 33 Jahre alt. Der Psalmist David brauchte 33 Jahre, um einen Zustand spiritueller Erleuchtung zu erreichen, in dem die geistigen Energien seines Kopfes sich in der richtigen Weise mit den Seelenenergien seines Herzens verbunden hatten. In der Bibel wird das dadurch ausgedrückt, daß David die Kräfte Israels (des Kopfes) mit denen Judas (des Herzens) vereinigte, bevor er als König in Jerusalem, der „Stadt des Friedens", regieren konnte. Dadurch wird symbolisch auf eine ausgeglichene und integrierte menschliche Persönlichkeit hingewiesen. Der Name „David" bedeutet „geliebt von Gott": der, der Kopf und Herz verbunden hat.

In den Schriften der Rosenkreuzer werden Beziehungen zwischen einzelnen Wirbeln und den Planeten des Sonnensystems hergestellt. Die sieben Nackenwirbel weisen Beziehungen zu folgenden Planeten auf: Der erste zu Saturn; der zweite zu Jupiter; der dritte zu Mars; der vierte zur Sonne; der fünfte zu Venus; der sechste zu Merkur und der siebte zum Mond. Es gibt zwölf Rücken- oder Brustwirbel, die angeblich die Tierkreiszeichen repräsentieren. Die fünf Lendenwirbel liegen in der Mitte des Körpers; sie bilden den unteren Teil der Wirbelsäule und repräsentieren die fünf Elemente Feuer, Erde, Luft, Wasser und Äther. Sie alle werden vom Zeichen der Waage regiert, denn in diesem Teil wird das Gleichgewicht des Körpers aufrechterhalten. Die fünf Kreuzbeinwirbel, die die Kundalini-Kraft enthalten, sind zusammengewachsen; sie werden vom Skorpion regiert. An der Spitze des Kreuzbeins sitzen die vier Segmente des Steißbeins, die einen Knochen bilden, so daß sich eine Gesamtzahl von 33 Wirbeln ergibt.

Die Wirbelsäule stellt also eine Verbindung zwischen dem Geist (Kopf) und der Materie (Sacrum) her. Das dreifach läuternde Feuer der Kundalini, welches den Menschen erneuert, steigt unter der astrologischen Regentschaft der drei Feuerzeichen durch die ätherische Wirbelsäule nach oben. Die Reinigung beginnt im äußeren Hof, symbolisiert durch das Fortpflanzungszentrum unter der Herrschaft des Schützen; sie steigt weiter zum Herzen oder inneren Hof unter der Herrschaft des Löwen; und von da aus geht sie höher bis zum Allerheiligsten im Kopfe unter der Herrschaft des Widders. Während das heilige Feuer mit zunehmender Stärke und Intensität aufsteigt, verbindet es sich mit einer leuchtenden, ätherischen Substanz, die aus dem Blut kommt. Diese Vermischung der beiden Essenzen erweckt das innere geistige Auge. Der Initiand erfährt nun den Sinn des alten Spruches: „Wenn dein Auge klar ist, so wird dein ganzer Leib licht sein." Das Licht oder die Strahlung, die einen Menschen bei der Vereinigung mit dem Ursprung seines Seins erfüllt, wird in religiösen Bildern als Krone oder Heiligenschein dargestellt. In der christlichen Kunst überwiegt diese Form der Darstellung. In der Tradition der Indianer Mexikos symbolisieren die Federn der gefiederten Schlange dasselbe Energiefeld bzw. die strahlenförmige Entladung um den Initianden oder „Gesalbten" herum. Der prachtvolle Federkopfschmuck der nordamerikanischen Indianerhäuptlinge, der vom Haupt über den Rücken fällt, zeigt den spirituellen Status und die Weisheit des Trägers an.

Auf der Wirbelsäule sitzt der Schädel, den der Antroposoph Rudolf Steiner mit einem vergrößerten Wirbel verglich. Das Gehirn wird von den Schädelwänden umhüllt. Platon sah hierin ein Abbild der peripherischen Natur der Welt. In der Taittiriya Upanishad wird gesagt, daß an der Trennungslinie der Schädeldecke das Tor Gottes liegt. Der Mensch schreitet hindurch und ruft in Feuer, Luft, Sonne und Geist hinein; im Geist gelangt er zum Himmel und erobert sein Bewußtsein. Der Schädel wurde auch als ein mikrokosmischer Himmel bezeichnet, der auf dem Atlas oder oberen Nackenwirbel ruht. Hier ist der Schnittpunkt des horizontalen und des vertikalen Prinzips. Der Ort der Kreuzigung in Golgatha war die „Schädelstätte".

Anatomisch besteht der Schädel aus 22 Knochen; 14 Knochen bilden das Gesicht und die Schädeldecke. Kabbalisten verweisen darauf, daß diese Anordnung im Sepher Jezirah beschrieben wird. Nach diesem Bericht ordnete Gott die 22 hebräischen Buchstaben in Form einer Wand an. Im Schädel gibt es die Gehirnkammern (Ventrikel). Diese symbolisieren die Höhlen oder Wohnstätten der Einsiedler und Weisen, die am „heiligen Fluß" der Wirbelsäule entlanggereist sind.

Das Herz –
Kammer des Lichts

Alle Körperteile des Menschen weisen einen reichen Symbolismus auf. Aber mehr als andere Organe hat das Herz die Aufmerksamkeit der Philosophen jedes Zeitalters und jeder Zivilisation angezogen. Zwei Energiefäden sollen die Form des Menschen mit seiner Seele verbinden. Der erste Faden ist das Bewußtsein, und er ist im Kopf an der Zirbeldrüse verankert. Der zweite, der Lebensfaden, ist im Herzen am Sinusknoten verankert, einer speziellen Gewebsmasse, die den Herzschlag steuert; oft wird sie als „Schrittmacher" bezeichnet. Solange die Verbindung des Lebensfadens zum Herzen besteht, lebt und arbeitet der Mensch in der physischen Welt. Andererseits wird der Bewußtseins-Faden im Schlaf jedesmal durchtrennt; in solchen Perioden kann sich das beseelte Leben in anderen Welten bewegen. Die folgenden Verse aus den Veden beziehen sich auf den Eintritt in andere Räume:

> Im Schlaf wirft er ab, was dem Körper gehört,
> Schlaflos betrachtet er die schlafenden Organe;
> Er leiht sich ihr Licht und kehrt dann zu seinem Platz zurück,
> Der goldene Geist, der einzige Vogel des Übergangs.

> Dieses Nest bewacht er durch das Leben,
> und er selbst steigt unsterblich aus dem Nest auf;
> Unsterblich bewegt er sich, wohin er will,
> Der goldene Geist, der einzige Vogel des Übergangs.

Weitere Verse weisen auf die Gefahr eines plötzlichen Aufgewecktwerdens und die Schwierigkeiten hin, die entstehen, wenn jemand nicht den Weg in die physische Form zurückfindet. Ein plötzlicher Wiedereintritt kann dem Körper einen großen Schock versetzen, der durch den Stoß in ein heftiges Zittern versetzt werden kann. Menschen, die in Wach- und Schlafzuständen vollbewußt funktionieren, können ihren gleitenden Übergang in die physische Form beobachten. In der Bibel werden die kombinierten Energien des Bewußtseins- und des Lebensfadens als „Silberband" bezeichnet. Wenn diese beiden Aspekte gleichzeitig aufgelöst werden, tritt der Tod ein, die Seele verläßt den Körper und deren konstituierende Atome fließen in den universellen Substanzpool zurück. Dort bleiben sie so lange, bis sie von einem anderen Individuum auf seiner Rückreise zur körperlichen Existenz angezogen werden.

Im Bezirk des Sinusknotens im Herzen enden Fasern des Vagusnervs, den Corinne Heline in ihrem Buch *Occult Anatomy and the Bible* als den „Weg des Atems des Heiligen Geistes" bezeichnet. Wenn der Aspirant eine vollständige Erneuerung herbeigeführt hat, dann nimmt er einen kräftigen Strom oder Energiefluß entlang des Vagusnervs wahr, der die Kräfte des Kopfes und des Herzens koordiniert.

In den Veden wird das Herz als Wohnung Brahmas oder als spirituelles Zentrum der Bewußtheit bezeichnet und mit dem hängenden Kelch einer Lotos- oder Bananenblüte verglichen. Dort wird auch gesagt, daß Gott im Hohlraum des Herzens wohne und es mit Unsterblichkeit, Licht und Intelligenz fülle (vgl. S. 41). In der Lotosblüte des Herzens befinde sich ein kleiner Raum, der Himmel und Erde, Sonne, Mond und Sterne umfasse. In ihm „leuchten eingeschlossen die Lichter des Universums". Shankara hatte festgestellt, daß die Seele wie ein etwa daumengroßes Licht ist, das in der Höhle des Herzens scheint. Auch in der Kath-Upanishad findet sich diese Vorstellung:

*Ein Fuß hoch, wohnt hier im Körper
Purusha,
Der Herr der Vergangenheit und Zukunft;
Wer ihn kennt, quält sich nicht mehr,
In Wahrheit ist dieses jenes.*

*Purusha ist
Wie eine Flamme ohne Rauch, ein Fuß hoch,
Herr der Vergangenheit und Zukunft;
Er ist heute und morgen,
In Wahrheit ist dieses jenes.*

Paracelsus, der bedeutendste Arzt der Renaissance, der sich in die mystischen Traditionen Europas versenkt hatte, beschrieb diesen „Bewohner des Herzens" als einen blauen, flammen-ähnlichen Körper von der Größe des letzten Daumengelenks. Die taoistischen Adepten Chinas verglichen das Herz mit einer Feuerkamm zwischen dem Himmel (Kopf) und der Erde (Unterleib) und behaupteten, daß dessen Verwandlung zur Unsterblichkeit führe. Arabische Ärzte hatten vor langer Zeit behauptet, daß man Blasen davontrüge, wenn eine bestimmte Stelle im Herzen eines lebenden Tieres mit dem Finger berühre. In der westlichen mystischen Tradition ist das Herz der Ort des Christuslichts. Jesus selbst forderte seine Jünger auf, in die Ruhe dieses Raumes einzukehren, um Zwiesprache mit dem Vater zu halten.

Bei hellsichtiger Beobachtung sendet die Stelle, an der der Lebensfaden im Herzen verankert ist, ein intensives violettes Licht aus. In dem Buch *Man, Grand Symbol of the Mysteries* stellt Manley Palmer Hall fest, daß dieser Lichtpunkt den mittelalterlichen Theologen als östlicher Teil des Garten Eden bekannt war. Das Herz selbst war ein Garten Eden innerhalb des Körpers, in dem Flüsse (die Arterien) entspringen, durch die die lebendigen Wasser (das Blut) fließen, die das Land (als Symbol der körperlichen Form) bewässern.

Das Blut – die geheimnisvolle Essenz

Seit Tausenden von Jahren, seit der Mensch die Frage nach seiner Stellung im Universum und seiner Beziehung zum Leben selbst stellte, hat das Blut, die flüssige Lebensessenz, eine wichtige Rolle bei der Sinnsuche gespielt. Ganze Mythologien entstanden, und die heiligen Schriften der Welt erwähnen immer wieder das Blut als Träger des Lebens. Physiologisch gesehen, transportiert das Blut ständig Sauerstoff und Nährstoffe in alle Körperteile und entfernt Abfälle, verbrauchte Gase und andere Verunreinigungen. Nach den vedischen Lehren ist das im Herzen verankerte Lebensprinzip des Menschen in der Lage, sich mit dem Blut zu vermischen und so die Lebenskraft oder *Prana* in alle Bereiche des Organismus zu tragen. *Prana* heißen alle Energiekräfte, die aus der Sonne fließen. In Zusammenarbeit mit der Milz verteilt das Herz diese solaren Energien, um die physische Form zu beleben.

Die Beziehung zwischen Blut und Leben ist offensichtlich. Der Tod tritt ein, wenn das Blut aus dem Körper fließt. Die Menstruation der Frau kommt zum Stillstand, wenn ein neues Leben in Form eines Kindes im Mutterleib entsteht. Im gewissen Sinn ist Blut die Essenz des Lebens. Daraus entwickelte sich zweifellos der Glaube, daß Blutopfer die Kraft der Wiederbelebung und Neuschöpfung haben könnten. Die Griechen glaubten, daß sich die Geister an Opferplätzen versammelten, um die Lebenskräfte des vergossenen Blutes aufzusaugen. Paracelsus schrieb, daß im vergossenen Blut eine solche Kraft wohne, daß aus seinen Emanationen genug Materie entstünde, um für nicht inkarnierte Wesen sichtbare Körper zu bilden.

Vor Tausenden von Jahren bemalten die Menschen die Körper ihrer Toten mit einem roten mineralischen Pigment namens Hämatit. Hämatit ist ein griechisches Wort und bedeutet „Blutstein". Die Benutzung von Hämatit bei Begräbnissen war überall Sitte. 20 000 bis 45 000 Jahre alte Grabstätten in Sibirien, Frankreich, Bayern, Wales und Südafrika geben ein Zeugnis vom alten Glauben an die Lebenskräfte im Blut und im Blutstein ab. Afrikanische und australische Stämme erzählen die Legende von der Muttergöttin der Erde, deren Blut in den Boden sickerte, so daß sich große Hamatitlager bildeten. Noch heute wird Blutstein benutzt, um Blutungen der Lunge und des Uterus zu stillen; er dient als Gegenmittel gegen Schlangenbisse und zur Klärung blutgefüllter Augen. In Afrika wird er zu rituellen Zwecken als Kosmetik verwendet. Eine ähnliche Verwendung ist von den amerikanischen Indianern und den alten Chinesen bekannt.

In religiösen Zeremonien der modernen Welt wurde das Blut durch andere Elemente ersetzt. Ganz klar ist seine symbolische Bedeutung bei der Eucharistie: Der Initiand nimmt den Körper Christi in Form einer Oblate und dessen Blut in Form von Wein zu sich; diese sind durch Rituale und Gebet geheiligt worden.

Der Rosenkreuzer Max Heindel schrieb, daß die Seele den dichten physischen Leib durch das Blut kontrolliere, welches ihr spezifisches Vehikel sei. Von Empedokles (490–430 v. Chr.) ist die Aussage „Blut ist Leben" überliefert, und Goethe ließ Faust sagen, daß das menschliche Blut flüssiges Feuer sei. Rudolf Steiner formulierte, daß das Blut die Lebensgeschichte eines Menschen speichere und jeden Gedanken und jedes Gefühl aufbewahre. Das Leben werde aus dem Äther durch den Atem in die Lunge übertragen und wirke dort auf das Blut ein. Alle Mystiker stimmen mit Jakob Böhme darin überein, daß der Geist Gottes im Blute des Menschen gegenwärtig ist, und jedem Christen ist der Satz vertraut, daß er „durch das Blut Christi gerettet ist". Natürlich gibt es viele Interpretationen dieses Satzes. So meinen z. B. einige, daß damit auf die Neuordnung der Energien angesprochen wird, die eintritt, wenn Christus in einem Menschen wiedergeboren wird.

In buddhistischen Texten werden Techniken zur Erkennung der Gedanken eines Menschen durch die Farbe seines Herzblutes geschildert. Dieses Erkennen wird durch die Entwicklung der Hellsichtigkeit möglich, die das Herzblut sichtbar macht. Wenn eine Person glückliche Gedanken hat, dann ist die Farbe rot wie eine reife Banyan-Frucht (eine Feigenart), bei traurigen Gedanken ist sie schwarz und bei hauptsächlich neutralen Gedanken hat das Blut die Farbe von klarem Sesamöl.

Die Drüsen – Hierarchie des Gleichgewichts

Die endokrinen Drüsen sekretieren Hormone in den Blutstrom, um im Organismus ein Gleichgewicht des Lebens herzustellen. Das Wort „Hormon" stammt von einem griechischen Wort, welches „erwecken" oder „in Bewegung setzen" bedeutet. Es gibt sieben wichtige innersekretorische Drüsen, die das menschliche Verhalten, das Wachstum des Körpers sowie emotionale und geistige Zustände steuern; sie haben auch einen großen Einfluß auf das Ernährungs- und Nervensystem und damit den allgemeinen Gesundheitszustand eines Menschen. Die Priester-Ärzte Indiens haben sich besonders mit den endokrinen Drüsen beschäftigt; in ihnen sahen sie die Regulatoren des Menschen als körperliches, moralisches und spirituelles Wesen (vgl. S. 82–83).

Fünf dieser Drüsen sind entlang der Achse Gehirn-Wirbelsäule plaziert. Die Gonaden (Geschlechtsdrüsen) liegen am Grunde des Torso. Ihre Aufgabe ist es, Hormone zu produzieren, die der Fortpflanzung dienen. Darüber sitzen auf den Nieren die Adrenalindrüsen. Eine ihrer Hauptaufgaben ist die Produktion von Adrenalin, welches eine wichtige Rolle beim „Flucht-oder-Kampf-Mechanismus" spielt. Es beschleunigt den Herzschlag und stoppt den Blutfluß in Bereiche wie Eingeweide und Haut und versorgt die Muskeln mit zusätzlichem aus der Leber freigesetztem Blut und Zucker. Die alten Lehrmeister stellten eine Verbindung zwischen diesen Drüsen und dem physischen „Willen zum Sein" her. Die moderne Physiologie scheint dieses Konzept zu bestätigen, denn wenn die Adrenalindrüsen entfernt werden, tritt schnell und unvermeidlich der Tod ein.

Die Bauchspeicheldrüse liegt im Bereich des Solarplexus. Ihre Sekretionen haben mit der Verdauung zu tun, und sie gibt der Leber Anweisungen, den darin gespeicherten Zucker in den Blutstrom einzuleiten, um den Organismus mit Wärme und Energie zu versorgen.

Über dem Zwerchfell und unterhalb des Brustbeins liegt die Thymusdrüse. Ärzte älterer Zivilisationen übersahen nicht ihre wichtige Bedeutung für den im Herzen verankerten Lebensfaden; die moderne Medizin hat diese Drüse jedoch erst kürzlich wieder in die endokrine Hierarchie eingeordnet. Ihre Rolle bei Immunreaktionen wurde jetzt entdeckt. Außerdem glaubt man, daß sie bei der Bewältigung von Streßsituationen mit den Nebennieren zusammenarbeitet. Nach diesen Forschungsergebnissen mußte ziemlich widerwillig zugegeben werden, daß die Thymusdrüse wohl endokriner Natur sei.

Die Schilddrüse liegt am Ende des Schlundes. Sie umschließt die Luftröhre. Ihre Hormone beeinflussen den gesamten Körper und haben einen sehr bedeutsamen Einfluß auf den Stoffwechsel. Die Alten sahen in dieser Drüse einen Brennpunkt für die höheren kreativen Energien des Menschen. Sie stellte für sie den Gegenpol der Geschlechtsdrüsen dar. Ein Mangel an Schilddrüsenhormon läßt einen Menschen verkümmern und stumpfsinnig werden. In der Schilddrüse sind kleine Drüsen, die sogenannten Nebenschilddrüsen, eingebettet. Sie sind lebenswichtig, weil sie den Kalzium- und Phosphorhaushalt kontrollieren.

Innerhalb des Kopfes befinden sich die Zirbeldrüse (Epiphyse) und die Hirnanhangdrüse (Hypophyse) (vgl. S. 56–57). In der Medizin ist die Zirbeldrüse noch nicht voll als hormonproduzierende Drüse anerkannt; sie wird aber wie die Thymusdrüse in letzter Zeit häufiger in endokrinologischen Schriften erwähnt. Die Zirbeldrüse sitzt unterhalb des Großhirns ziemlich nah am Kleinhirn. Man fand heraus, daß sie minimale Spuren von optischem Gewebe enthält. Experimente haben gezeigt, daß in der Zirbeldrüse Nervenimpulse durch Lichtreize entstehen. Galen behauptete, daß die Zirbeldrüse das Denken steuere. Die Griechen glaubten, daß die Seele dort verankert sei. Nach esoterischer Tradition ist diese Drüse der Brennpunkt für die maskuline, positive Energie des Geistes, die durch das erste Hexagramm des *I Ging* dargestellt wird. Die sechs Yang-Linien symbolisieren die Urkraft des Himmels und die kreative Tat des heiligen Mannes.

Hinter und etwas über dem Nasenbogen liegt in einer Grube der Schädelbasis die Hirnanhangdrüse. Diese Drüse kontrolliert das ganze endokrine

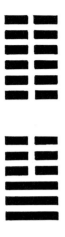

System. Wenn der Blutstrom die richtige Menge jedes Hormons aus jeder Drüse enthält, dann bleibt sie in Ruhe. Wenn aber eine Drüse zu wenig sekretiert, dann produziert die Hirnanhangdrüse das sogenannte Tropahormon. Dieses tritt in den Blutstrom ein, nistet sich in der unteraktiven Drüse ein und stimuliert diese. So stellt sie das richtige Gleichgewicht wieder her.

Ist die Hirnanhangdrüse überaktiv, dann stimuliert sie eine dynamische und magnetische Persönlichkeit. Solche Menchen sind in der Regel geschäftlich erfolgreich und arbeiten mit großem Einsatz. Von diesem Punkt aus kann das niedere Selbst mit großer Kraft funktionieren. Die Alten behaupteten, daß der Mensch hier alle Energien seiner Persönlichkeit oder seines niederen Selbst sammele und ihre Vereinigung mit dem Geist im Bereich der Epiphyse vorbereite. Goethe erlebte diese Sammlung der Energie, als er schrieb: „Mein ganzes Sein sammelt sich zwischen meinen Augenbrauen." So bereiten sich die Kräfte des weiblichen, erdhaften Prinzips – das Empfangende, dargestellt im zweiten Hexagramm des *I Ging* – darauf vor, sich den positiven, dominanten Energien des Geistes zu unterwerfen.

Epiphyse und Hypophyse wurden wegen ähnlicher Strukturen mit den männlichen und weiblichen Fortpflanzungsorganen verglichen. In taoistischen Texten werden sie häufig als Tiger und Drachen beschrieben, die im alchimistischen Kessel des Gehirns „kopulieren" und die Einheit von Himmel und Erde herbeiführen. So entsteht das elfte Hexagramm des Friedens und eine Zeit universalen Blühens und Reichtums. Wenn die Sonne, die den Geist symbolisiert, das Licht des Mondes ausgelöscht hat, der die Kräfte der niederen Natur repräsentiert, dann regiert Christus, der Friedefürst, seinen Tempel. Der hl. Johannes sagte: „Er muß zunehmen und ich muß abnehmen." Nach Teilhard de Chardin ist diese Erfahrung eine „schwere Stunde" für unsere niedere Natur; aber es entsteht ein Mensch, der die tiefste geistige Erleuchtung erfahren hat.

Nach Alice Bailey arbeiten die drei Aspekte der Göttlichkeit durch das Drüsensystem: der Wille durch die Zirbeldrüse, die Liebe durch die Thymusdrüse und aktive Intelligenz durch die Schilddrüse. Es gibt eine merkwürdige Parallelität zwischen dem spirituellen Rang des Menschen und seinem wissenschaftlichen Verständnis dieser drei Drüsen. Im Bereich der Physiologie gibt es überwältigende Hinweise darauf, daß die Intelligenz, wie wir sie verstehen, von der Funktion der Schilddrüse abhängt: Die Intelligenz des Menschen ist gut entwickelt und deshalb ist der Wissenschaft viel über diese Drüse bekannt, die das Zentrum der aktiven Intelligenz ist. Der Liebesaspekt befindet sich noch im Stadium der Entfaltung und der spirituelle Wille im Menschen verhält sich relativ still. Auf dieser Basis kann man voraussagen, daß um so mehr Licht in die Funktion der Thymus- und der Zirbeldrüse kommen wird, je mehr der Mensch lernt, Liebe und spirituellen Willen auszudrücken.

In den Lehren der Rosenkreuzer werden die endokrinen Drüsen als die „unsichtbaren Wächter" bezeichnet. Sie sind die Kontrolleure und Wächter des Lebens, die das Gleichgewicht der spirituellen und mehr physischen Kräfte des Menschen bestimmen. Jede Drüse hat gewisse spirituelle Entsprechungen, die deutlicher werden, wenn man ihre Kraftzentren untersucht. Diese Zentren werden durch die sieben Rosen auf dem Rosenkreuz repräsentiert. Durch sie gewinnt der menschliche Geist schließlich die Kontrolle und Herrschaft über die mehr physischen Aspekte seiner Natur.

Der Abstieg des Geistes in die Materie

Madame Blavatsky schrieb, daß Materie Geist auf der niedersten Stufe und Geist Materie auf ihrer höchsten Stufe sei. In der theosophischen Lehre wird weiter behauptet, daß der Geist des Menschen auf okkulte Weise starb und sich opferte, um in die Materie abzusteigen und zu lernen, die Begrenzungen des niederen Selbst zu überwinden. Dadurch erlöste er die Materie und „erhob sie in den Himmel". Der Geist oder unsterbliche Teil des Menschen wird als Funke des universellen Geistes bezeichnet, den die Inder „Brahman", das höchste Prinzip, nennen. Die ägyptischen Priester nannten ihn „Zah". In den Schriften von Alice Bailey wird dieser innere Funke als Monade bezeichnet; auch Teilhard de Chardin verwendet diesen Begriff in seinen Abhandlungen. Die Natur der Monade wird in den Upanishaden beschrieben:

> Als Einheit müssen wir es betrachten,
> Unvergänglich, unwandelbar,
> Ewig, nicht werdend und nicht alternd,
> Über den Raum erhoben, das große Selbst.

Auch für Jakob Böhme war der Geist des Menschen ein engelhaftes Wesen, daß sich durch den Weggang aus dem väterlichen Haus geopfert hatte, um Licht in die Dunkelheit der Materie zu tragen. Dabei stand er vor der gewaltigen Aufgabe, dazu beizutragen, den Körper Gottes in Licht aufzulösen und so seine Rolle bei der Befreiung Gottes von der Form zu spielen.

Die Alten betrachteten den Menschen immer in seiner Beziehung zu Gott, dem universellen Energiefeld. Wenn Geist und Materie polare Gegensatzebenen sind, dann muß es dazwischen andere Ebenen geben, so daß ein allmählicher Übergang von einem Zustand zu einem anderen möglich ist und diese Ebenen oder Energiestufen das göttliche Feld sind, in dem sich der Mensch manifestiert (vgl. S. 80–81). Böhme spricht wie der hl. Johannes von einer siebenfachen Struktur und den „sieben Geistern Gottes". Die traditionellen indischen Lehren sprechen ebenfalls von diesen Ebenen, und im kabbalistischen *Sepher Jezirah* steht:

> Er plante, produzierte und kombinierte diese Sieben Doppelbuchstaben und formte mit ihnen die Planeten dieses Universums, die Tage der Woche und die Türen der Seele des Menschen. Aus diesen Sieben hat er die Sieben Himmel, die Sieben Erden und die Sieben Sabbathe geschaffen; aus diesem Grunde hat er die Zahl Sieben mehr als alle anderen Dinge unter dem Himmel geliebt und gesegnet.

Madame Blavatsky und Alice Bailey bringen die sieben Energieebenen in diese Reihenfolge: Die höchste Ebene ist die Ebene Adi; die nächste ist die monadische Ebene; dann kommt die atmische Ebene; dann die Buddha-Ebene, die Ebene des Christus-Prinzips. Darunter liegen die drei Welten, von denen in der *Bhagavad Gita* die Rede ist: die mentale Ebene, die wiederum eingeteilt ist in den abstrakten Bereich, in dem man die Seele des Menschen findet, und den Bereich des niederen Konkreten, aus dem die rationalen und unterscheidenden Denkprozesse aufsteigen; die astrale oder emotionale Ebene und schließlich die physische Ebene, die wie die mentale Ebene in zwei Aspekte unterteilt ist. Die oberen Abschnitte sind ätherische Stufen, und die unteren Stufen bilden die Ebene dichter Körperlichkeit, auf der die menschliche Gestalt hervortritt.

Jede dieser sieben Energieebenen ist wiederum in sieben Unterabteilungen unterteilt, so daß sich eine Gesamtzahl von 49 Ebenen ergibt. Diese sieben weiten Ebenen repräsentieren in ihrer Gesamtheit die kosmische physische

Ebene oder den niedersten physischen Aspekt des Seins, in dem wir leben und uns bewegen (vgl. S. 37). Auf diesen Ebenen manifestiert sich der dreifache Mensch, ein Sohn der Weisheit, geformt durch das „elektrische Feuer" des Geistes, das „Sonnenfeuer" der Seele und das „Feuer durch Reibung" des Körpers. Wenn sich das Feuer des Körpers mit dem der Seele vermischt und die gemeinsame Flamme sich mit der des Geistes vereint, dann brennen die drei Feuer wie eines, und der spirituelle Mensch erlangt die Befreiung von der Materie.

Um in die Materie herabzusteigen, besetzt der Geist fünf stabile Kraftzentren, die von Alice Bailey „permanente Atome" genannt werden; in den Schriften der Rosenkreuzer werden sie als „Samenatome" bezeichnet. Ähnlich wie in Datenbanken ist in ihnen die sublimierte Essenz der Erfahrungen vergangener Leben gespeichert, die die Qualität jedes Körpers und die Art der Lebenserfahrung jeder einzelnen Inkarnation bestimmt. Die Rosenkreuzer sagen, daß diese Samenatome das Schicksalsbuch eines Menschen darstellen. Sie sind während der körperlichen Inkarnation sowie in Perioden, die auf den inneren Ebenen der Existenz verbracht werden, die Schiedsrichter seines Schicksals. Die zusammenhaltende Kraft des Liebesaspekts des Geistes regiert die Samenatome, während die gewöhnlichen Körperatome durch den Intelligenzaspekt belebt werden.

Die Monade oder der Geist gibt seinen Ton von sich und ruft die atmischen, Buddhi- und manasischen Daueratome zur Aktivität; um jedes dieser Atome ist auf der entsprechenden Bewußtseinsebene ein Körper geformt. Die Bibel sagt: „Gott aber gibt ihm einen Leib, wie er gewollt hat, und zwar jeder Samenart einen besonderen Leib (1. Kor. 15,38). Die Verbindung dieser drei Samenatome schafft eine Form, die Alice Bailey als „spirituelle Triade" bezeichnet. Damit beginnt der Geist des Menschen seinen Abstieg und kann jetzt auf höheren Stufen der mentalen Ebene den Lichtkörper aufbauen, den wir die Seele nennen, der bei unzähligen Inkarnationen als Vorposten des Bewußtseins dient.

Die *Bhagavad Gita* gibt eine Reihe praktischer Beschreibungen des feinstofflichen Körpers des Menschen:

> Der höchste Geist hier im Körper wird der Bewahrer, der Denker, der Aufrechterhalter, der Abschmecker, der Herr, das höchste Selbst genannt.
> Erleuchtet von der Kraft, die in allen Sinnen wohnt und doch frei von allen Sinneskräften ist, unabhängig, alles tragend, nicht in einzelne Kräfte unterteilt und doch an allen Kräften teilhabend.
> Außerhalb und innerhalb aller Wesen, bewegungslos und doch in Bewegung, nicht wahrnehmbar ist Er wegen seiner Feinheit, Er steht weit weg und ist doch ganz nah.
> Diese zeitlich begrenzten Körper gehören erklärtermaßen dem ewigen Herren des Körpers, der unvergänglich und unermeßlich ist.
> Sie sagen, daß die Sinneskräfte höher als die Objekte sind; höher als die Sinneskräfte ist die Emotion; höher als die Emotion ist das Verstehen; aber höher als das Verstehen ist Er.

Die ersten beiden Sätze reden vom Geist, der dritte von der Seele; das Wort „Er" wird in den Veden häufig benutzt, um die Seele oder deren Kraft zu bezeichnen. Der vierte und der fünfte Satz handeln vom niederen Selbst; die „Sinneskräfte" beziehen sich auf die körperliche Form, „Emotion" bezieht sich auf den Astralkörper und „Verstehen" auf den mentalen Körper. Höher als alle diese ist natürlich Er, die Seele des Menschen. An anderer Stelle in der *Gita* wird dieses Thema noch weitergetrieben:

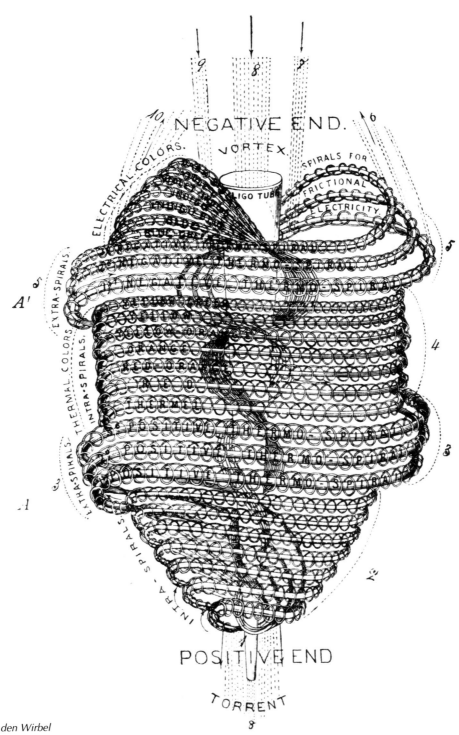

Das Atom erhält durch den Wirbel Sonnenkräfte. Diese kreisen durch die Spirillen und erscheinen in den Farben rot, blau, orange, gelb, violett und indigo. Der mentale Körper des Menschen wird in ähnlicher Weise durch die kosmischen Kräfte geformt, die ihn durchströmen, und der Farbfluß durch seine Aura verändert sich in ähnlicher Weise ständig. (Babbitt, Principles of Light and Colour.*)*

So wie *eine* Sonne diese Welt erleuchtet, so beleuchtet Er, der im Körper wohnt, das gesamte Feld.

Diejenigen, die mit dem Auge der Weisheit den Unterschied zwischen dem Feld und dem Wissenden des Feldes und die Befreiung von der Naturhaftigkeit erkennen, gehen zum Höchsten.

Hier wird das niedere Selbst in den drei Welten als ein Feld bezeichnet, und der Wissende ist die Seele. Durch spirituelle Wahrnehmung, die auf Wissen beruht, befreit sich der Mensch von den Schlingen der Illusion und erfährt, daß er unsterblich ist.

Der Strahlenkörper

Die Seele des Menschen setzt sich zusammen aus dem Oben (Geist) und dem Unten (Materie). Die spirituellen Visionen Böhmes eröffnen neben den indischen Lehren sehr detaillierte Aspekte der feinstofflichen Anatomie des Menschen. Er drückt sich folgendermaßen aus:

Die Seele hat ihren Ursprung nicht nur im Körper, obwohl sie in ihm entsteht und in diesem ihren Anfang nimmt; sondern sie hat auch eine äußere Quelle, durch und von der Luft; und so regiert der Heilige Geist in ihr, so wie er alle Dinge erfüllt.

Die Seele wurde immer schon als lichterfüllt und strahlend beschrieben. In den indischen Lehren wird sie als eine Lotosblüte bezeichnet (vgl. S. 39, 88–89). Sie enthält einen zentralen Energiepunkt, an dem sie durch einen feinen Faden direkt mit dem Geist verbunden ist. Dieser Faden, die Silberschnur, wird auch „Sutratma" genannt. Auf ihr sind die permanenten Atome „wie Perlen auf einer Kette aufgereiht". Der zentrale Punkt des Lichtes oder Feuers wird als „Juwel im Herzen des Lotos" bezeichnet. Böhme sagt: „Die Seele enthält das erste Prinzip", und in einem alten Kommentar heißt es: „Der Herr des Lebens selbst sitzt am Herzen und beobachtet."

Die Seele entsteht aus der Interaktion des Geistes mit der Materie der abstrakten Stufen der mentalen Ebene, wobei eine Reihe von Windungen oder Wirbeln entsteht, die Alice Baileys Meister Djwahl Khul als einen neunblättrigen Lotos beschreibt. Die Aktivität des elektrischen Feuers im Mittelpunkt schafft weitere drei Blütenblätter, die das Juwel wie eine Knospe umhüllen und seine Strahlung von der Außenwelt abschirmen. Insgesamt gibt es also zwölf Blütenblätter. Er sagt weiter, daß man die Seele als neun Schwingungen betrachten kann, die von einem Mittelpunkt ausgehen und diagonal bis zur Peripherie der Einflußsphäre der Seele verlaufen. Dort schwingen sie durcheinander und bilden die sphäroide Form des kausalen Körpers. Man kann sie auch als neun Speichen eines Rades sehen, die in einer Nabe zusammenlaufen, welche den Urheber aller Aktivität verdeckt.

Die neun Blütenblätter sind in Kreisen zu je drei Blättern angeordnet, den Blättern des Wissens, der Liebe und des Willens. Wenn die individuelle Seele zuerst den Pfad des Abstiegs in die Materie betritt, dann sind diese Blütenblätter im Ruhezustand und eigentlich farblos, aber während des Vorgangs aufeinanderfolgender Inkarnationen werden sie allmählich durch das Feedback an Energien aktiviert, die durch das niedere Selbst auf der mentalen, emotionalen und physischen Ebene fließen. Zuerst werden die drei Blütenblätter des Wissens aktiviert, organisiert und belebt. Dies geschieht in der „Halle der Unwissenheit". Diese Erlebnisphase entspricht dem Äußeren Hof, in dem das Leben seine physische Orientierung erhält. Wenn sich das Individuum entwickelt und wirklich selbst-bewußt wird, dann füllen sich die

Liebes-Blütenblätter in der „Halle des Lernens" oder dem Inneren Hof mit Energie. Während dieser Periode unternimmt der Aspirant der Weisheit einen entschiedeneren Versuch, seine niedere Natur zu vergeistigen. Zuletzt werden die Blütenblätter des Willens oder des Opfers belebt. Dies geschieht in der „Halle der Weisheit" oder im Allerheiligsten. Diese Entfaltungen finden nicht getrennt statt, sondern sie überlagern sich; die Vollendung einer jeden markiert eine der drei Initiationen in den drei Tempelhöfen.

Der neunblättrige Lotos und „Kausalleib" der Seele ist zunächst nur eine trübe, farblose Eiform und nimmt allmählich immer mehr Strahlung und Farbe an. Für Hellsichtige ist die Grundfarbe der Blütenblätter Orange, mit irisierendem Grün, Violett, Rosa, Blau, Gelb und Indigo. Darauf wird in der *Chandogya-Upanishad* hingewiesen:

> Orange, Blau, Gelb und Rot sind genauso in den menschlichen Arterien wie in der Sonne.
> Wie ein langer Weg zwischen zwei Dörfern, so bewegen sich die Strahlen der Sonne zwischen dieser Welt und der jenseitigen Welt hin und her. Sie fließen von der Sonne, treten in die Arterien ein, fließen von den Arterien zurück und treten in die Sonne ein.

Das kreisförmige Mandala der Seele ist eine archetypische Form, die man in allen Lehren finden kann. In unserer Zeit sagte Black Elk (Schwarzer Hirsch) von den Oglala Sioux, daß alles, was die Kraft der Welt vollbringe, in Form eines Kreises geschehe. Vor ungefähr 400 Jahren schrieb Paracelsus:

> Alles, was ein Mensch vollbringt oder tut, was er lehrt oder lernen will, muß in der richtigen Proportion geschehen; es muß seiner eigenen Linie folgen und innerhalb seines Kreises bleiben, damit ein Gleichgewicht erhalten bleibt, damit nichts schief wird und nichts über den Kreis hinausgeht.

Den alten Lehrern war die Kraft des Mandala wohlbekannt, und ihre Anwendung trat in den buddhistischen, insbesondere den tibetischen, Praktiken in den Vordergrund. Bei gewissen magischen Ritualen dient der auf den Boden gemalte Kreis zum Schutz gegen die Elementarkräfte, die angerufen werden. Der weiße Magier im Dienste Christi steht innerhalb des Kreises dynamischer Kraft, die vom Lotos seiner Seele ausstrahlt. Er braucht keine äußerlichen Zutaten, die ihm bei seiner Arbeit helfen sollen.

Die nordamerikanischen Indianer schildern das Leben als einen Kreis, der von Kindheit zu Kindheit fließt. Die Eskimos sagen, daß der Tod eines Menschen nicht das Ende ist, sondern daß er wieder ins Leben zurückkehrt und daß seine Wiedergeburt durch die Seele herbeigeführt wird, die sie als das Größte und Unverständlichste auf der Welt ansehen.

Die Karanga und Mashona Rhodesiens glauben, daß der Mensch neben seinem Körper, den sie als einen Schatten bezeichnen, einen anderen Körper besitzt, der für den gewöhnlichen Betrachter unsichtbar ist. Dieser ist als *mwega*, Seele oder weißer Schatten, bekannt. Er verläßt den Körper zur Todesstunde und kann ihn auch während des Schlafes oder in Trancezuständen verlassen: Er hat eigene Sinne, die viel stärker als die des physischen Körpers sind.

Formen und Felder

Die Seele, die als Vehikel für die Manifestation des Geistes entstanden ist, muß nun selbst eine Reihe von Formen schaffen, die sie in die Lage versetzen, auf den unteren und dichteren Ebenen der Materie und des Bewußtseins

Erfahrungen zu machen. Die Seele inkarniert sich entlang der Abstiegskurve. Dag Hammarskjöld muß diesen feinen Prozeß intuitiv erfaßt haben, als er sein Gedicht „Single Form" schrieb:

Sinkende Dünung: *Leichte Linienbiegung*
der gespannte Muskel   *sammelt des Körpers Kraftspiel*
folgt dem gleichen Gesetz.   *in kühner Schwebe.*

Wird mein Geist finden
diese strenge Kurve
auf seinem Weg zur Form?

Auf dem Weg zur physischen Inkarnation vollzieht die Seele einen Prozeß, der dem des Geistes ähnelt. Die mentalen, astralen und physischen „Samen-atome" werden aktiviert; diese ziehen Materie von den unteren mentalen, astralen, ätherischen und physischen Ebenen an und formen auf jeder dieser Bewußtseinsstufen Körper, die durch die höhere Kraft der Seele als funktionale Einheiten zusammengehalten werden.

Wenn die Seele keine präzise Denkform aufrechterhält, wenn ihre Aufmerksamkeit von der Aufgabe abgleitet, die Vehikel des niederen Selbst aufzubauen, dann ereignet sich eine Totgeburt, weil die Seele ihre Aufmerksamkeit auf die eigene Ebene zurückgezogen hat. Wenn eine tiefe, in Klarheit gestützte Gedankenform aufrechterhalten wird, dann wird ein Kind geboren. Der Zusammenhalt und das Leben der Form liegen in der Aktivität der Seele, nicht in den Körpern selbst. Über die Jahre hinweg steigert die Seele ihren Einfluß auf die Formen, die sie hervorgebracht hat. Ungefähr im Alter von sieben Jahren ist die *physische* Form fest in der Erde verankert, und die Zirbeldrüse, die mit dem Ausdruck des spirituellen Willens zum Sein in Verbindung steht, schrumpft. Mit ungefähr 14 Jahren tritt die Pubertät ein; dieses Ereignis signalisiert den Übergriff der Seele auf den *Astralkörper*. Oft tritt dann eine Krise im Leben des Kindes ein. Zu diesem Zeitpunkt beginnt die Schrumpfung der Thymusdrüse. Ungefähr im Alter von 21 Jahren hat die Seele vom *mentalen Körper* Besitz ergriffen. Auch diese Aktion kann eine Krise herbeiführen, die sich oft in einer angestrengten Suche nach der Seele ausdrückt. Das innere Leben ist eine Folge von Krisenpunkten, die sehr oft in Siebenjahreszyklen auftreten. Mit 28 Jahren wird die Arbeit der Seele in späteren Jahren vorbereitet. Bis 35 sind viele lose Enden und Vergangenheitserfahrungen zusammenzuziehen. Der Wille der Persönlichkeit ist mit dem der Seele in Einklang zu bringen. Mit 42 sollte das Ziel der Seele für dieses Leben – vielleicht nur unbewußt – erkannt und der Prozeß der Durchführung verankert sein.

Der mentale Körper (vgl. S. 42) ist aus Materie der mentalen Ebene geformt. Dieser Mechanismus wird für rationale, unterscheidende und intellektuelle Denkprozesse benutzt. Für den Hellsichtigen stellt er sich als ein eiförmiges Feld dar, dessen Größe von der mentalen Kapazität des Individuums abhängt. In diesem Feld lassen die Gedanken geometrische Farbmuster entstehen, die innerhalb des Eis zirkulieren. Wenn das Denken einer Person klar und prägnant ist, dann sind die Farben der zirkulierenden Formen brillant und präzise; wenn das Denken jedoch unentschlossen ist, dann häufen sich auf dem mentalen Körper trübe Farben und unangenehme Formen. Diese mentalen Trümmer überschatten die Fähigkeit eines Menschen, die Dinge richtig zu durchdenken, und das Licht der Seele wird abgeblockt. Die Yoga-Techniken der Beruhigung und Kontrolle des Geistes sind Mittel, mit denen dieser Körper gereinigt werden kann, und während dieses Vorgangs stellt der Aspirant fest, daß viele Gedanken, die anscheinend in seinem Geist aufsteigen, in Wirklichkeit aus dem Geist anderer Menschen stammen. Durch die Prozesse der Beobachtung und Unterscheidung kommt er allmählich in die Lage, den Ursprung jedes Gedankens festzustellen, der im Feld seines Geistes entsteht. Er kann dann konstruktive und wohltätige herausnehmen, sie mit mehr Energien aufladen und sie so verbreiten, daß sie seinen Mitmenschen dienen können. Schließlich wird der Mentalkörper so klar und potent, daß er nur gute Gedanken anzieht und automatisch destruktive Gedanken abwehrt.

Der Astralkörper stammt aus der gröberen Materie der astralen Ebene. In diesem Körper erlebt der Mensch das Zusammenspiel der Emotionen und fühlt die Freuden und Schmerzen des Lebens. Der Astralkörper verbindet den Verstand über den Ätherkörper mit der Außenwelt, und durch diese Verbindung werden Gefühle, die in der physischen Welt entstehen, an den Verstand weitergeleitet. Der Astralkörper eines unentwickelten Menschen hat eine grobe Struktur und trübe Farben, seine Grenzen sind nicht klar. Dagegen hat ein Mensch, der ein aktives intellektuelles und spirituelles Leben führt, normalerweise einen klaren Astralkörper von leuchtenden Farben. Die Formen, die in diesem Feld zirkulieren, sind die emotionalen Aspekte des Denkprozesses; so hängt die Klarheit des astralen Feldes teilweise von der Natur der Denkprozesse und auch von der Reinheit des physischen Körpers selbst ab. Durch den Astralkörper erfühlen wir die Stimmung einer anderen Person oder die „Atmosphäre" in einem Raum oder an einem Ort. Er ist für solche Emanationen so sensibel, daß einige Menschen durch „astrale Materie" Ereignisse entdecken können, die Jahrhunderte zurückliegen.

Zwischen dem astralen und dem physischen Körper liegt der Ätherkörper. Dieses Vehikel wird häufig als das ätherische Double bezeichnet, weil es in seiner Form dem physischen Körper ähnelt. Der ätherische Körper setzt sich aus Material zusammen, welches aus den „vier Äthern", dem subtilen Aspekt der physischen Ebene, gezogen ist. Er ist die Grundlage jedes Atoms, Moleküls und jeder Zelle des physischen Körpers und durchdringt sie alle. Er hat eine direkte Beziehung zum Nervensystem, das er ernährt, kontrolliert und zur Aktion stimuliert. Dem Hellsichtigen stellt er sich als ein feines Netz von Energieströmen dar. Don Juan beschrieb ihn als Lichtfasern wie weiße Spinnfäden, leuchtend und in alle Richtungen verlaufend, die den Menschen mit allen Dingen in Berührung bringen. Diese Millionen von Energiefasern, die die indischen Weisen „Nadis" nannten, bilden das archetypische Muster oder Gerüst, auf dem der physische Körper aufgebaut ist. Paracelsus bezeichnete dieses ätherische Gerüst als „siderischen Körper":

> So hat der Mensch also einen tierischen Körper und einen siderischen Körper; und beide sind eins und nicht getrennt. Die Beziehung zwischen beiden ist die folgende. Der tierische Körper, der Körper von Fleisch und Blut, ist an sich immer tot. Nur durch die Tätigkeit des siderischen Körpers kommt die Bewegung des Lebens in den anderen Körper. Der siderische Körper ist Feuer und Luft, aber er ist auch an das tierische Leben des Menschen gebunden. So besteht der sterbliche Mensch aus Wasser, Erde, Feuer und Luft.

Der ätherische Körper hat drei Grundfunktionen. Er ist Empfänger, Assimilator und Übersender von *Prana*. Prana ist die universelle Lebenskraft, die alle Formen in allen Bereichen der Natur belebt. Diese Energien strömen aus der Sonne, werden vom ätherischen Körper durch eine Reihe kleiner Kraftzentren absorbiert und an die Milz weitergeleitet, wo die vitale Essenz der

Der astrale oder emotionale Körper ist in der Regel am schwierigsten unter Kontrolle zu bringen, aber schließlich wird er ein Reflektor für die Energien, die vom Buddhi-Vehikel auf der Ebene des Christus-Bewußtseins ausgehen. (M., „The Dayspring of Youth".)

Diese Darstellung zeigt einige Nadis und die Hauptchakras entlang der Wirbelsäule. Einige Nadis enden in kleinen Chakras in den Handflächen; sie können beim Heilen benutzt werden. (Diagramm der Chakras und Nadis im Feinkörper, Indien, Ajit Mookerjee Collection, Neu-Delhi.)

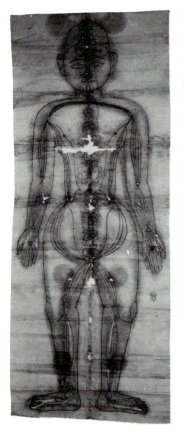

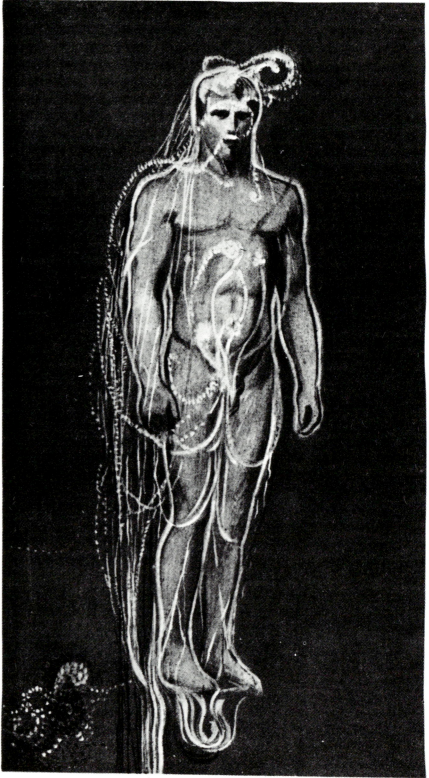

Sonne je nach Zustand des Organismus intensiviert oder devitalisiert wird, bevor sie im physischen Körper zirkuliert und diesen belebt.

Wilhelm Reich nannte diese Lebenskraft oder *Prana* die Orgonenergie und war davon überzeugt, daß alles Leben – vom Atom bis zu den Planeten – von ihr abhing, um die Integrität seiner jeweiligen Form zu bewahren. An einem klaren, sonnigen Tag ist es möglich, die Orgonpunkte am blauen Himmel zu sehen, wie sie in einem stillen Tanz herumwirbeln und bei ihrem Erscheinen und Verschwinden ein elektrisches weißes Licht zeigen. Diese Punkte entsprechen den Vitalitätskügelchen der theosophischen Literatur, die in die Milz eintreten. Shankara sagte, daß der Atem, die Blutzirkulation und die Ernährung – also die Belebung des Körpers – die Funktion von Prana sei.

Annie Besant betont in ihrem Buch *Man and his Bodies* („Der Mensch und seine Körper"), daß die Kräfte des Denkens und Fühlens und der Bewegung nicht im ätherischen oder physischen Körper wohnen, sondern Aktivitäten der Seele sind, die durch diese Körper hindurch mit Pranakraft arbeitet, die durch das Nervensystem verläuft. *Prana* ist die aktive Energie des Selbst.

Gesundheit ist abhängig vom richtigen Funktionieren des Ätherkörpers. Er kann durch Lebenskräfte, die in einer richtigen Ernährung enthalten sind, verfeinert werden. Die Betonung liegt dabei auf Früchten, Gemüse, Nüssen, Fruchtsäften, Honig und Wasser. Devitalisierte Nahrungsmittel, Rauchen und Alkohol verstopfen die Nadis und führen zu schlechter Gesundheit. Körperübungen und frische Luft, kombiniert mit richtiger Atmung, reinigen den Ätherkörper ebenfalls. Richtiges Denken spielt eine wichtige Rolle. Es ist verantwortlich für das Funktionieren der fünf Sinne und versorgt damit fünf Hauptkontaktpunkte mit der Außenwelt; es ermöglicht auch, die inneren Welten wahrzunehmen und in bewußten Kontakt mit der Seele zu kommen.

Der Hellsichtige sieht drei Hauptströme der Energie, die im ätherischen Körper zirkulieren. Einer verläuft vertikal entlang der Achse Wirbelsäule/ Gehirn; dieser erzeugt andere Energieströme, die horizontal zu verlaufen scheinen, und diese erzeugen wiederum vertikal verlaufende Ströme. Der vertikale Fluß hat Bezug zur autonomen Regulation, der horizontale regelt den Zustrom von Vitalität und die Beseitigung ätherischer Abfallstoffe.

Das Wort „Aura" leitet sich von dem griechischen Wort *avra* her, das „Brise" oder „Lufthauch" bedeutet. Die Aurafelder des astralen und mentalen Körpers dehnen sich weiter vom physischen Körper aus als die ätherische Aura, die nur etwa 1 cm absteht. Der ondulierende Fluß und das rhythmische Aufscheinen der Farben des mentalen und astralen Feldes vermitteln den Eindruck, als würden sie von einer Brise bewegt. Man kann diese ständig sich verändernden Farben vielleicht am besten mit dem Phänomen der *aurora borealis* vergleichen, den Nordlichtern, die in großen Farbflächen und -säulen über der Erde flimmern und lodern. Dieser Vergleich ist recht genau: Die Sonne war schon immer ein Symbol für die Seele des Menschen, und die Erde für seine niederen Manifestationskörper. Die *aurora* tritt ein, wenn solare Winde Elektronen und Protonen in die Atmosphäre und die magnetischen Felder der Erde tragen, wo diese mit Stickstoff- und Sauerstoffmolekülen zusammenstoßen, so daß Farberscheinungen von atemberaubender Schönheit entstehen. Wenn bei einem Menschen die Aktivität der Seele intensiviert ist, z. B. während eines Gebets oder einer Meditation oder in Momenten intensiver spiritueller Inspiration, dann strömen die Energien der Seele durch die Felder des mentalen, astralen und Ätherkörpers, vergrößern deren Umfang und steigern die Leuchtkraft ihrer Farben.

Chakras – Tore zum Bewußtsein

Die Einheit von Geist und Materie manifestiert sich als Bewußtsein. Die Seele als Bewußtsein durchdringt und hält ihre Manifestationskörper als zusammenhängende, funktionale Einheit durch gewisse Brennpunkte zusammen. In der indischen Tradition werden diese Punkte oder Kraftzentren „Chakras" genannt (Sanskr. Rad). Dem Hellsichtigen erscheinen sie als radähnliche Energiewirbel, die mentale, astrale und ätherische Materie enthalten. Bei einer spirituell entwickelten Person drehen sie sich mit großer Geschwindigkeit und werden schließlich zu Sphären strahlender Energie. Sie werden, wie die Bibel es ausdrückt, „zu Rädern, die sich innerhalb von Rädern drehen". Sie sehen aus wie untertassenförmige Eindrücke auf der Oberfläche des Ätherkörpers. Die Chakras (vgl. S. 80–83) werden oft als Lotosblüten bezeichnet, wobei jedes Blütenblatt gewisse wesentliche Energien repräsentiert. Die Rosenkreuzer symbolisieren diese Kraftzentren mit sieben Rosen.

In den verschiedenen Mysterienlehren gibt es Meinungsunterschiede über die Anzahl der Körper des Menschen. Auch die Zahl der in diesen Körpern vorhandenen Chakras variiert. Tibetische Schriften sprechen oft von sechs Kraftzentren; andere erwähnen 8, 10 oder sogar 12. Alte taoistische Texte zeigen eine direkte Entsprechung zum tibetischen Entwurf von sechs Zentren, während verschiedene Yoga- und Medizinschriften Diagramme enthalten, die bis zu dreißig Zentren entlang der Wirbelsäule und 24 auf der Vorderseite des Torso zeigen.

Der Theosoph C. W. Leadbeater plaziert die Chakras auf der Vorderseite des Körpers; auch Gichtel, ein Schüler Böhmes, schreibt ihnen eine ähnliche Position zu. Andererseits werden sie in der tibetischen und indischen Literatur zu diesem Thema entlang der Achse Wirbelsäule/Gehirn plaziert (siehe S. 36) und der Meister Djwhal Khul sagt, daß sie ungefähr 8 cm hinter der Wirbelsäule liegen. In der Offenbarung des Johannes ist von sieben Siegeln auf der Rückseite des Buches des Lebens die Rede, was sich auf diese Zentren und ihre Lage bezieht. Diese verschiedenen Ansichten über die Lokalisierung der Chakras finden ihre Erklärung in der Natur der Energien, die ein Mensch benutzt, um hellsichtig zu werden. Wenn er ein astrales Medium ist, dann wird er mit gewissen astralen, nach innen gerichteten (involutionären) Energien arbeiten. Dies prädisponiert ihn, die Chakras auf der Vorderseite des Torso auszumachen. Ist er ein mentales Medium, dann arbeitet er in verfeinerter Materie, die evolutionärer Natur ist, und seine innere Schau wird ihm zeigen, daß die Zentren entlang der Wirbelsäule liegen. Symbolisch gesehen fließen die nach innen gerichteten Kräfte des Menschen vom Kopf an der Vorderseite entlang zur Schamgegend, die evolutionären Kräfte entlang der Wirbelsäule vom Sacrum bis zum Kopf. Wichtig ist, daß der Weisheitsaspirant seine Aufmerksamkeit auf den aufsteigenden Energiefluß richtet und sich mit den Toren identifiziert, die zu einer Vereinigung mit der Seele auf der höheren mentalen Ebene nach oben führen.

Die Chakras wurden als Brennpunkte oder multi-konzentrische, räumliche Manifestation des dynamischen Lebensprinzips bezeichnet. Gott wird als eine Reihe sich gegenseitig durchdringender konzentrischer Felder gesehen, und der Mensch als Mikrokosmos spiegelt dieses Muster wider. Böhme schreibt darüber in *Aurora*:

Nun hat das Rad sieben Räder ineinander und eine Nabe, die sich in alle sieben Rädern schicket, und alle sieben Räder gehen an der einen Naben: Also ist Gott ein einiger Gott mit sieben Quellgeistern ineinander, da immer einer den andern gebäret, und ist doch nur *ein* Gott, gleichwie alle sieben Räder nur *ein* Rad.

Seine Worte lassen darauf schließen, daß es sieben Kraftzentren gibt und daß diese entlang der Nabe oder Achse der Wirbelsäule liegen. Die Kabbalisten sagten, daß es in der Seele des Menschen sieben Tore gebe. In unserer Zeit äußerte C. G. Jung, daß die Chakras die Tore des menschlichen Bewußtseins seien, Empfangsstationen für den Einfluß von Energien aus dem Kosmos und dem Geist und der Seele des Menschen.

Das erste Tor ist Muladhara oder das Basischakra, im Bereich der Spitze des Kreuzbeins gelegen. Es verkörpert sich als die Adrenalindrüsen des physischen Leibes und regiert die Funktionen der Nieren und der Wirbelsäule. Die vedischen Seher behaupteten, daß dieses Zentrum die Energien des körperlichen Willens-zum-Sein in den Organismus kanalisieren.

Darüber liegt auf dem Grunde der Lendenwirbelsäule Svadhisthana oder das Chakra des Sacrums. Es verkörpert sich als die Geschlechtdrüsen und regiert die Aktivität des gesamten Fortpflanzungsapparat.

Manipura oder das Chakra des Solarplexus liegt gerade unterhalb der Ebene der Schulterblätter und des Zwerchfells. Sein drüsenförmiges Gegenstück ist die Bauchspeicheldrüse, und es kontrolliert die Tätigkeit des Magens, der Leber, der Gallenblase und gewisser Aspekte des Nervensystems. Dieses Zentrum gilt als „Girozentrale" aller Energien unterhalb des Zwerchfells vor ihrer Weiterleitung zu den geeigneten oberen Zentren.

Das vierte Zentrum ist Anahata oder das Herz-Chakra, das zwischen den Schulterblättern liegt. Sein drüsenförmiges Gegenstück ist die Thymusdrüse. Es regiert das Herz, das Blut und den Kreislauf und hat einen starken Einfluß auf den Vagusnerv. Durch dieses Zentrum kann der Mensch die Energien der Liebe in die Welt abstrahlen, die aus der Seele fließen.

Vishuddha oder das Kehlkopf-Chakra liegt im Bereich des ersten Brustwirbels an der Basis des Nackens. Der Brennpunkt seiner Aktivität ist die Schilddrüse, und es kontrolliert die Lunge, den Stimm- und Bronchialapparat und die Speiseröhre. Durch dieses Chakra werden die höheren kreativen Fähigkeiten des Menschen ausgedrückt.

Im Kopf befinden sich zwei Zentren. Ajna oder das Stirn-Chakra liegt an der Stirn und verkörpert sich in der Hirnanhangdrüse. Die doppelten Blütenblätter des Lotos, die dieses Zentrum symbolisieren, stellen den vorderen und hinteren Lappen der Hirnanhangdrüse dar. Dieses Chakra regiert hauptsächlich die untere Hälfte des Gehirns und das Nervensystem, Ohren, Nase und das linke Auge, das Auge der Persönlichkeit oder des niederen Selbst. Das Ajna-Zentrum drückt Idealismus und Phantasie aus.

Sahasrara oder das Scheitel-Chakra liegt auf der Spitze des Kopfes. Sein drüsenförmiger Ausdruck ist die Zirbeldrüse, der Brennpunkt des spirituellen Willens-zum-Sein. Es regiert das Großhirn und das rechte Auge. Im Scheitel-Zentrum sind Gegenstücke aller sieben Hauptchakras enthalten. Vielleicht spielte Böhme darauf an, als er sagte, daß die sieben „Räder" nur ein Rad seien. Meister Eckhart schrieb: „In seinem obersten Glied hat der Mensch ein Bild Gottes, das dort ohne Unterlaß scheint."

Das Ajna-Zentrum wird oft mit dem sogenannten dritten oder himmlischen Auge in Verbindung gebracht. Manchmal wird dies auch von der Zirbeldrüse mit ihrem rudimentären optischen Gewebe behauptet. Es scheint, daß das dritte Auge lebendig wird, wenn die Energiefelder oder Auras der Zirbeldrüse und der Hirnanhangdrüse sich harmonisch verbinden. Wenn dies geschieht, dann hat die Seele direkten Einblick in die drei Welten und ist nicht von den oft verzerrten Rückmeldungen der fünf Körpersinne abhängig.

Heilen und dynamisches Gleichgewicht

Vor ungefähr 2500 Jahren unternahm der griechische Arzt Hippokrates erste Schritte, die Heilkunst von anderen Wissenschaften des Tempels zu trennen. Er ging von beobachtbaren Fakten der Natur aus und führte damit die Ärzte seiner Zeit von einem System des Heilens weg, das mit sehr vielen Elementen des Aberglaubens durchsetzt war. Er begründete einen materialistischen Ansatz des Heilens und schuf damit die Grundlagen der modernen Medizin.

Trotz der Dominanz orthodoxer Traditionen, die sich letzten Endes von Hippokrates herleiten, zeigt sich heute ein wachsendes Interesse an älteren Methoden des Heilens (vgl. S. 66–71), wie Akupunktur, Kräuterkunde, Handauflegen, spirituelles Heilen und die Manipulation der Wirbelsäule. Diesen unorthodoxen Heilmethoden sind eine Reihe von Dingen gemeinsam. Erstens wollen sie die Ursachen einer Krankheit behandeln, und nicht einfach Symptome beseitigen; zweitens ist es ihr Hauptanliegen, die Energiesysteme des Körpers auszugleichen, wobei davon ausgegangen wird, daß der Mensch mehr ist als ein körperliches Wesen. Ihr Ansatz ist, den ganzen Menschen zu heilen und ihn in Einklang mit dem Universum zu bringen, in dem er lebt.

Eines der ältesten heute noch gebräuchlichen Heilsysteme ist die Akupunktur, die sich vor einigen tausend Jahren in China entwickelte. Die chinesischen Heilkundigungen sagten, daß die beiden großen Kräfte, die den Himmel und die Erde beherrschen, auch den Menschen regierten. Diese Kräfte wurden als „Yin" und „Yang" bezeichnet: Wenn sie sich im Gleichgewicht befanden, dann erfreute sich ein Mensch guter Gesundheit; eine Störung der Harmonie führte zur Krankheit. Alle Organe des Körpers wurden „Yin" und „Yang" zugeordnet. Sie wurden durch eine „Ki" oder Lebenskraft genannte Energie bei guter Gesundheit gehalten. Diese Energie strömt von einem Organ zu einem anderen auf spezifischen Energiebahnen, den Meridianen. Entlang dieser Meridiane liegen die Akupunkturpunkte, die gereizt oder beruhigt werden können, um die Energiesysteme der inneren Organe in ein Gleichgewicht zu bringen. Dies geschieht mit Hilfe von feinen Nadeln, die an dem entsprechenden Punkt bis zu einer gewissen Tiefe eingestochen und dann bewegt werden. Man kann diese Punkte auch durch Hitze oder einfach durch Fingerdruck behandeln. Die Behandlung soll eine freie, ungehinderte Zirkulation der Ki-Energie herbeiführen und den Körper befähigen, seine Energie aus dem Kosmos zu beziehen. Ki entspricht vielleicht der Prana-Energie, welche nach Auffassung der indischen Priester durch die Chakras empfangen wird. Sollte das zutreffen, dann sind die Akupunkturpunkte ein feines Netzwerk kleiner Chakras, die aus dem universalen Energiefeld Energie empfangen und diese an den Organismus verteilen.

Obwohl sich die Technik der Manipulation der Wirbelsäule auf den Körper bezieht, hat auch sie starke Auswirkungen auf das Gleichgewicht der Energiefelder im Menschen. Die Hauptchakras liegen entlang der Wirbelsäule, und jede Verspannung oder jedes Ungleichgewicht stört das richtige Funktionieren der Chakras, die dann nicht in der Lage sind, Energien richtig zu empfangen oder zu verteilen. In Alice Baileys *Treatise on Cosmic Fire* sagt Djwahl Khul, daß der Arzt der Zukunft sich bei der Behandlung von Krankheiten mit zwei Grundfaktoren beschäftigen wird. Erstens wird er darauf achten, ob die Wirbelsäule richtig ausgerichtet ist, denn sie ist ein zentraler Faktor des Körpers und der spirituellen Entwicklung des Menschen. Zweitens wird er darauf hinwirken, daß sich ein Blutandrang in der Milz abbaut, so daß die latenten Feuer des Körpers sich in der richtigen Weise mit

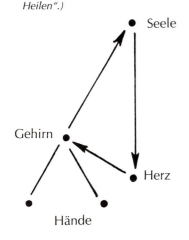

Die Energie der Seele kann beim Heilungsvorgang benutzt werden, wenn der Heilende die Fähigkeit hat, die unten dargestellten Energieverbindungen herzustellen und mit ihnen zu arbeiten. Dazu muß er sich den Verbindungsprozeß klar vorstellen und dieses Bild konzentriert festhalten, bis die Heilung vollzogen ist. (Bailey, „Esoterisches Heilen".)

den einströmenden pranischen Kräften der Sonne verbinden können (vgl. S. 40). Im Grunde ist dies das gleiche Ziel, das die Akupunktur verfolgt. Die Zirkulation der Energie soll ins Gleichgewicht gebracht werden, nur die Methode ist eine andere. Auch die Massage, die oft zusätzlich zur Manipulation der Wirbelsäule angewendet wird, kann die Energien ausgleichen, besonders wenn der Massierende sich bewußt ist, daß seine Hände dabei in den ätherischen Körper des Patienten eintauchen.

Vielleicht noch älter als Akupunktur und Manipulation sind Heilungsmethoden mit Hilfe von Gebet und Handauflegen. Wenn diese Techniken wirksam sein sollen, dann muß der Heilende in der Lage sein, mit jenen höheren Kräften in Kontakt zu treten und sie für den Patienten richtig zu kanalisieren. Er muß die Heilkräfte seiner eigenen Seele erwecken können und als Katalysator im Heilungsprozeß wirken. Er muß unberührt bleiben und darf sich nicht durch die Kräfte erregen lassen, die durch ihn in den Patienten einströmen. Beim Handauflegen können verschiedene Techniken angewendet werden. In manchen Fällen hält der Heilende einfach seine Hände über die kranke Stelle und sendet geistige Energie hinein; oft stellt sich dann ein Gefühl der Wärme ein. Der Heilende kann aber auch sein Herz-Chakra mit seiner Seele verbinden und veranlassen, daß deren Energien ins Herz herabfließen, und dann den Energiefluß ins Ajna-Chakra umleiten. Dabei wird die rechte Hand über das Chakra des Patienten gehalten, welches die erkrankte Region beherrscht, und die linke Hand wird auf der entgegengesetzen Seite des Körpers plaziert. Die Energien werden dann vom Ajna-Zentrum durch die kleinen Hand-Chakras geschickt. Der Heilungsprozeß dauert so lange, wie die Heilende die Verbindung zwischen seinen Zentren und der Seele aufrechterhalten kann. Wenn der Heilungsprozeß abgeschlossen ist, werden die Energien vom Ajna-Chakra an die Seele zurückgegeben. So schließt sich das Dreieck, das bei dieser Methode realisiert werden muß.

Mit den Händen kann man nicht nur die Auras des Patienten diagnostisch abtasten, um die funktionale Kapazität seiner Chakras und die Bereiche von Ungleichgewicht in seinen feinstofflichen Körpern festzustellen. Auch die Behandlung erfolgt durch die Hände, die mentale Energie in die Bereiche des Ungleichgewichts schicken, ohne den physischen Körper zu berühren. Es ist möglich, eine Person unabhängig von der räumlichen Entfernung mit den Händen abzutasten. Wenn dies mit geschlossenen Augen in der Stille geschieht, entstehen vor dem inneren Auge Bilder der gestörten Bereiche. Diese können dann behandelt und die Veränderungen in der gleichen Weise beobachtet werden.

Ohne Zweifel wird der Heiler der Zukunft ein ausführliches Wissen über die feinstofflichen Körper des Menschen und die Energien haben, die ihr Gleichgewicht wiederherstellen können. Hinzu kommt ein detailliertes Wissen über die Anatomie, Physiologie und Pathologie des Körpers, so daß er sowohl auf esoterischem und orthodoxem Gebiet qualifiziert ist. Der Heiler muß der Funktion seiner Seele bewußt sein und die volle Verantwortung für sein Tun übernehmen, wenn er Kranken helfen will.

Eine wachsende Zahl von Ärzten, Chiropraktikern und Chirurgen ist heute imstande, die Energiefelder von Patienten in der geschilderten Art und Weise zu sehen und abzutasten. In Japan wurde ein elektronischer Apparat erfunden, der die elektrischen Impulse der Akupunktur-Meridiane in einen Computer einspeist, der dann eine Diagnose ausdruckt. Diese Daten werden mit denen eines anderen Apparates – eines sogenannten „Chakra Scanners" –

korreliert. So entsteht ein komplettes Bild des Gesundheitszustands des Patienten in Form von Energieauswertungen.

Im Jahre 1935 veröffentlichten Northrop und Burr ihre Theorie der elektrodynamischen Grundlage des Lebens. Sie besagt, daß alle Lebensformen durch ein zugrunde liegendes elektrodynamisches Feld kontrolliert und aufrechterhalten werden. Burr nannte es das L(Lebens)-Feld und bewies in seiner experimentellen Arbeit, daß das elektrodynamische Feld des Menschen zu diagnostischen Zwecken in Medizin und Psychiatrie gemessen werden kann. Er verglich das L-Feld mit einer Schablone, die die Moleküle und Zellen des Körpers in einer erkennbaren Form zusammenhält und diese vitalisiert, so daß der Organismus funktionieren kann. Seine Beschreibung des L-Feldes weist starke Übereinstimmungen mit dem vedischen Konzept des Ätherleibes auf, und Messungen mit einem Röhrenvoltmeter zeigen deutlich die dramatischen Auswirkungen des elektrodynamischen Feldes eines Menschen auf das eines anderen. Burr sagte, daß bald jeder Arzt einen Voltmeter haben würde, weil sich in der Medizin die Erkenntnis durchsetzen würde, daß die Ursache von Krankheit und Ungleichgewicht vor allem in den Energiefeldern zu suchen sei und daß diese Felder für eine richtige Diagnose gemessen werden müßten. Vielleicht wird dann der Existenz von feinstofflichen Körpern im Menschen mehr Glauben geschenkt und erleben wir dann eine allgemeine Wiederkehr spiritueller Werte in der Medizin.

Meditation – der innere Aufstieg

Gebet, Kontemplation und Meditation sind Wege, auf denen der Mensch durch immer weitere und feinere Sphären des Bewußtseins bis zur Vereinigung mit der Gottheit im Kern seines Wesens aufsteigt. Viele Techniken wurden entwickelt, um zu diesem Ziel zu gelangen, und es ist klar, daß bei allen ein Wissen um die esoterische Beschaffenheit des Menschen eine Rolle spielt (vgl. S. 90–91).

Taoistische Mönche lehrten ihre Schüler, ihr Bewußtsein im Bereich des Nabels zu halten und die Energie durch einen bewußten Prozeß der Visualisierung und Atemübungen durch den Solarplexus zum Kopf zu leiten, wodurch die Goldene Blume oder der Lotos der Seele zum Blühen gebracht werden sollte. Die Mönche der orthodoxen Kirche in Rußland und Griechen-

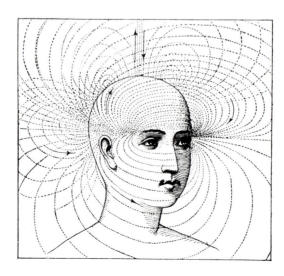

Kraftlinien des psychomagnetischen Feldes, welches den menschlichen Kopf umgibt. Nach Babbitt können diese Kraftlinien weit ausgeschickt werden, um Menschen zu beeinflussen, anzuziehen oder zu heilen. (Babbitt, „Principles of Light and Colour".)

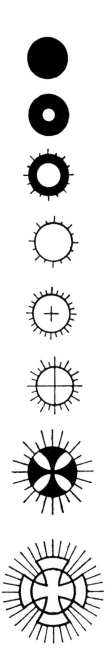

Diese Symbole tauchen oft bei Darstellungen von Heiligenscheinen auf. Sie zeigen den Grad der spirituellen Bewußtheit des Trägers an. Von oben nach unten: Schlafendes oder latentes Prinzip; leicht erweckt; teilweise erweckt und strahlend; erweckt und strahlend; erste und zweite Stufe der Verbindung mit Christus; Verbindung mit dem Logos. (Powell, „The Causal Body".)

land arbeiten seit Jahrhunderten mit dem „Herzensgebet" oder „Jesusgebet", wie es in der Regel genannt wird. Die Technik besteht darin, daß man seine Aufmerksamkeit in der Mitte des Herzens sammelt und immer wieder mit großer Konzentration die Worte wiederholt: „Herr Jesus Christus, Sohn Gottes, sei mir gnädig." Es ist ein einfaches Gebet, das jedermann zu jeder Zeit benutzen kann, um den Geist zu beruhigen und ihn auf den Kernpunkt seines Seins zu richten. Andere Schulen geben den Rat, das Bewußtsein im Kopf im Bereich des Scheitel- oder Ajna-Chakras zu konzentrieren. Die Konzentration der Bewußtheit in speziellen Bereichen soll immer gewisse Aspekte des spirituellen Wachstums herbeiführen. Aus diesem Grunde sollte die Meditation immer unter der Aufsicht eines kompetenten Lehrers stattfinden, so daß einige der sehr realen Gefahren vermieden werden, die auf dem inneren Wege lauern.

Ziel der Meditation ist die Reinigung der niederen Fahrzeuge der Manifestation und deren Ausrichtung auf die Seele, damit für die Absichten und Energien der inneren spirituellen Kraft klare Ausdrucksmöglichkeiten bereitgestellt werden. Oft ruft die Unterwerfung des Niederen unter das Höhere schwere Krisen im Menschen hervor, aber sie führen zu einem erweiterten Bewußtsein. Dag Hammarskjöld hat diese Erfahrung vielleicht gemacht, als er eines Nachts in sein Tagebuch schrieb:

> Aber einmal antwortete ich *ja* zu jemandem – oder zu etwas. Von dieser Stunde her rührt die Gewißheit, daß das Dasein sinnvoll ist und daß darum mein Leben, in Unterwerfung, ein Ziel hat.

Vivekananda kam während seiner Meditationspraxis zu einem Punkt, an dem alles, was er anschaute, in Flammen eingehüllt zu sein schien, sogar die Reiskörner in der Schale. Sein Meister Sri Ramakrishna holte ihn aus diesem Zustand heraus und erklärte, daß es für ihn Arbeit in der Welt zu tun gebe und daß er von dieser Bewußtseinsebene zurückkehren müsse. Andernfalls würde er innerhalb von drei Wochen sterben, verzehrt von den durchfließenden Energien. Der russische Tänzer Nijinsky hatte ohne einen geistigen Führer weniger Glück und schrieb während seiner letzten Tage immer wieder in sein Tagebuch: „Gott ist Feuer im Kopf". Am Weg zur Erleuchtung lauern zweifellos Gefahren (vgl. S. 60), aber er ist auch ein Weg der Freude, die in der inneren Strahlung kulminiert, die sich durch die feinstofflichen Körper des Menschen ausdrückt. Nach den indischen Lehren können diese Krisenpunkte zu inneren Wandlungen führen, die sich als Befreiungen von Illusionen über die Welten erweisen, in denen das niedere Selbst wohnt. Es ist klar, daß sich der Aspirant der Weisheit bei jedem Pfad, den er betreten will, den Einsatz klarmachen und wissen muß, daß viel harte Arbeit und viele Opfer von ihm verlangt werden. T. S. Eliot faßt dies in den Schlußzeilen von *Little Gidding* zusammen:

> *Ein Zustand vollkommener Einfachheit*
> *(Der nicht weniger als alles kostet)*
> *Und alles wird gut sein*
> *Und alle Dinge werden gut sein*
> *Wenn die Flammenzungen nach innen*
> *Zu einem gekrönten Flammenknoten gefaltet sind*
> *Und Feuer und Rose eins sind.*

Die Aura wird oft als ein Flammenfeld dargestellt, welches den physischen Körper umgibt. Damit wird angedeutet, daß der Mensch die brennenden Gefilde der drei Welten durchschritten hat und daß alle Schlacken weggebrannt sind, so daß sich das reine Gold des Geistes zeigt. Wenn sich die Feuer der physischen Form mit denen der Seele und des Geistes vereinigen, leuchtet das Leben eines Menschen wie ein Licht. (Mohammeds Vision des Engels Gabriel auf dem Berg Hira, Buchschmuck von Ahmed Nur Ibn Mustafa, aus dem Manuskript *Das Leben des Propheten,* Türkei, 1368.)

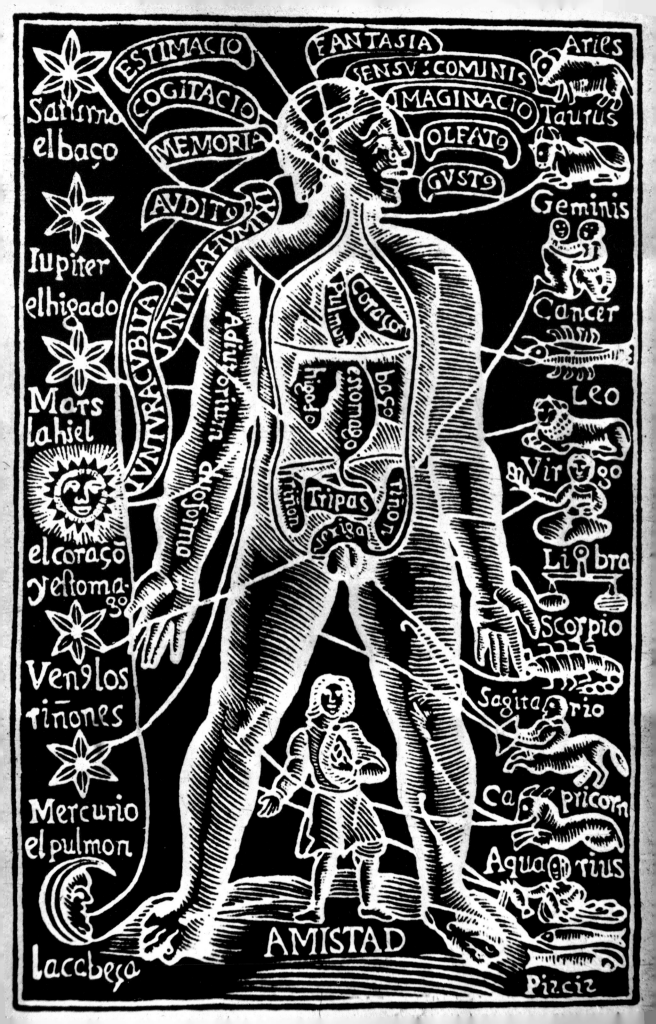

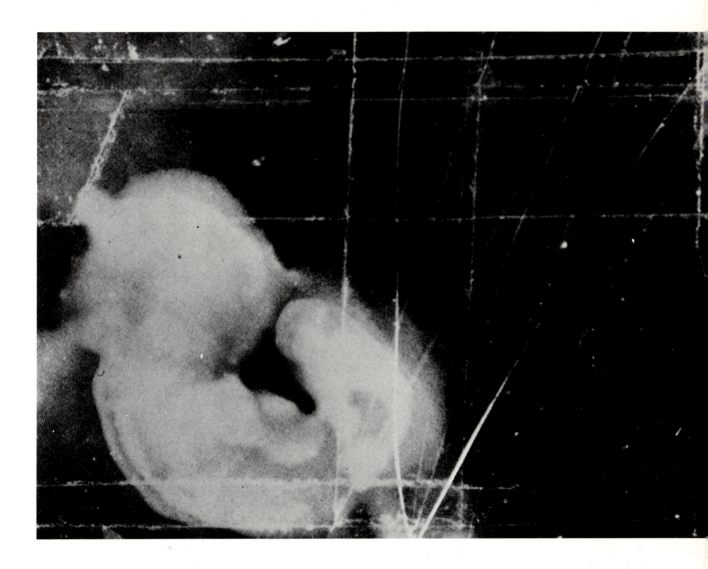

Die alten Lehrer glaubten, daß die zwölf Tierkreiszeichen den Körper eines großen Wesens bildeten, das sie den makrokosmischen oder himmlischen Menschen nannten. Sie sagten, daß sich dieses Muster auch im mikrokosmischen Menschen spiegele, der unter die himmlischen Einflüsse aus dem Universum gerate. Die verschiedenen Körperorgane, Krankheiten und Heilmittel wurden bestimmten Zeichen zugeordnet. Paracelsus sagte: „Die Heilkunst unterliegt dem Willen der Sterne und wird von ihnen gelenkt und geleitet. Was dem Gehirn zugehört, wird diesem durch Luna zugeführt; was der Milz zugehört, wird ihr durch Saturn zugeführt; was dem Herzen zugehört, wird ihm von Sol zugeführt; und in ähnlicher Weise durch Venus zu den Nieren, von Jupiter zur Leber, von Mars zur Galle." Diese Faktoren spielten in der traditionellen Heilkunst eine wichtige Rolle. (Der kosmische Mensch, Holzschnitt, Spanien, 15.–16. Jh.)

Dieses Radionic-Foto zeigt einen drei Monate alten Fötus. Der Ätherleib des Kindes saugt im Mutterleib die Lebenskräfte und kosmischen Strukturen auf, die seine Eigenschaften in dieser Inkarnation bestimmen. Das Bemerkenswerte an diesem Foto ist, daß es durch die Energiestrahlungen entstand, die von einem von der Mutter gespendeten Blutstropfen ausgingen, die selbst 54 Meilen (ca. 87 km) von der Kamera entfernt war, als das Bild gemacht wurde. Dabei wird der Film nicht belichtet. Die Energie, die das Bild auf der Platte entstehen läßt, ist so stark, daß die Emulsion an bestimmten Stellen bis auf das Glas durchgeätzt ist. (Radionic-Foto vom Blutstropfen einer Schwangeren, De La Warr Laboratories, Oxford, England, um 1950.)

35

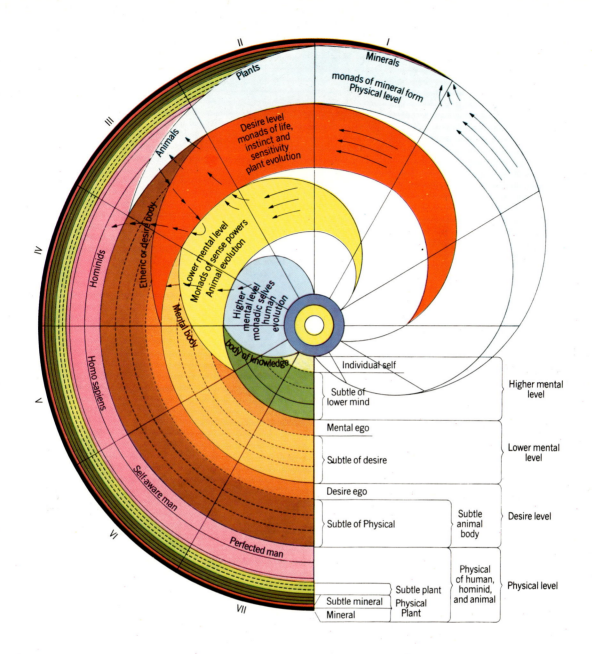

Die sieben Hauptchakras der Wirbelsäule (vgl. S. 27, 84), durch Symbole aus den indischen Lehren dargestellt. Das Scheitel-Chakra oder Tor des Brahma entfaltet sich als ein großer Lotos, der das Bild ausfüllt. Die Dreiecke des Geistes und der Materie vermischen sich und bilden einen sechszackigen Stern, während der Yogi über die göttliche Realität meditiert. (Die sieben Chakras der Wirbelsäule, Malerei von Mihran K. Serailian, USA, 1962.)

Auf diesem Schaubild sind die verschiedenen Ebenen des kosmischen Lebens dargestellt, in denen sich der Mensch bewegt. Die niedersten und körperlichsten Aspekte können wir mit gewöhnlichen Sinnen wahrnehmen. Die Materie jeder Ebene wird immer dünner und die Entwicklung von Hellsichtigkeit und schließlich Intuition ist nötig, um die inneren Ebenen zu schauen. Auf dem Bild sind die Aspekte der Materie getrennt und als Stufen dargestellt, aber in der Realität durchdringen sich die verschiedenen Ebenen und bilden ein homogenes Feld: Die Gegenwart von Seele und Geist, Christus und Gott, ist unmittelbare Realität. Zwischen dem niederen Selbst und der Realität gibt es keinen Zwischenraum. (Karte der kosmischen Ebenen von Sri Madhara Ashish, Indien, 1970.)

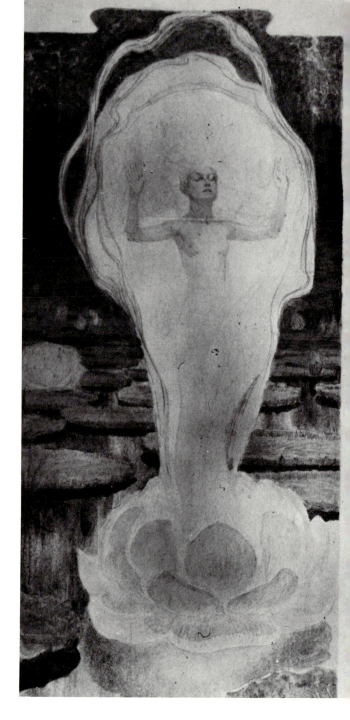

Das Leben mit seinen Myriaden von Formen hängt vom Wasser ab. Anspielungen in religiösen Schriften auf Flüsse und Wasser haben eine tiefe spirituelle Bedeutung. Johannes (4,10) spricht vom lebendigen Wasser, das die Kraft hat, die Natur des Menschen vollkommen und diesen ganz (eins) zu machen. Von Christus fließen die „höheren Wasser" des göttlichen Lebens, die das menschliche Verständnis für himmlische Dinge regenerieren und ernähren. Flüsse sind – wie der Baum des Lebens – Pfade, auf denen der Aspirant zur Gottheit gelangt. Die Flußnymphe veranschaulicht diese innere Reise mit ihrem fliegenden Kimono und den fließenden Bändern, die die Energien ihrer Aura symbolisieren. (Chinesisch.)

Die Lotosblume wird seit langer Zeit benutzt, um die innere Natur des Menschen zu symbolisieren. Das niedere Selbst wurzelt im Schlamm der materiellen Welt. Die Pflanze erhebt sich durch das Wasser der astralen oder emotionalen Natur ins Freie, wo die Seele sich im gleißenden Licht der spirituellen Sonne entfaltet. (Die Seele des Lotos, Aquarell von Frank Kupka, Böhmen, 1898.)

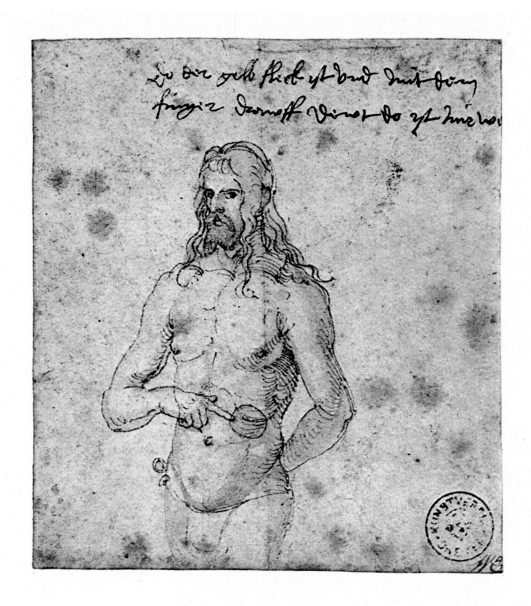

Die Milz liegt im oberen linken Teil des Bauchraumes und dient als Blutreservoir. Dieses Organ ist eine Externalisation eines feinen Kraftzentrums, das direkt für die Absorbierung der solaren und pranischen Kräfte der Sonne und für die Verteilung ihrer vitalisierenden Eigenschaften über den Ätherleib an den physischen Körper verantwortlich ist. In einem Brief, den Albrecht Dürer wahrscheinlich an seinen Arzt geschrieben hat, wird die Milz in einer Skizze als sonnenähnliche Scheibe dargestellt und damit die Beziehung dieses Organs zu den Kräften deutlich gemacht, die von diesem Planeten ausgehen. William Blake stellt dieselbe energiespendende Kraft als eine junge, starke und vibrierende Gottheit dar, die von einem vorherrschenden gelben aurischen Feld umgeben ist. (Selbstporträt von Albrecht Dürer, Deutschland, 16. Jh.; Die Sonne am östlichen Tor, Aquarell von William Blake, England, 19. Jh.)

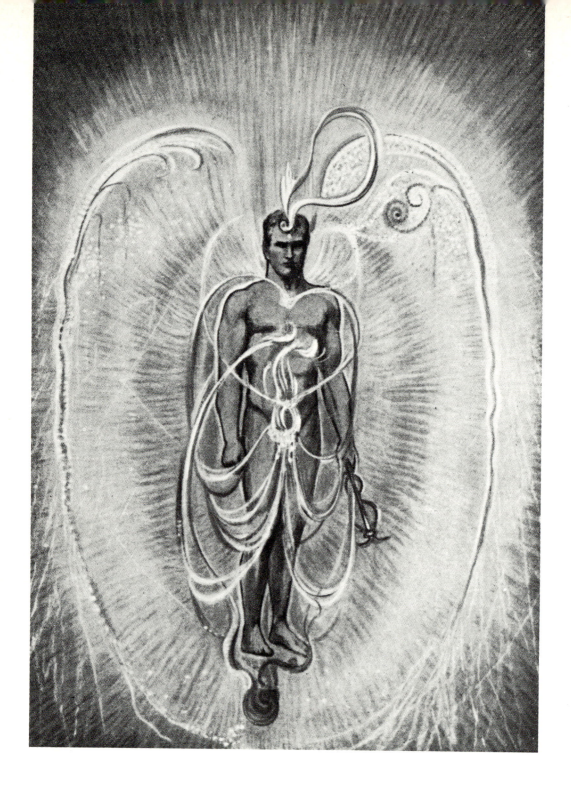

Der mentale Körper des Menschen ist ein strahlendes Feld von Energieströmen, die das physische Fahrzeug umgeben und durchdringen. Die herzähnliche Form erinnert sehr an Babbitts Atom (vgl. S. 19), das ganz aus spiralförmigen Energiemustern bestand. Der aus der Stirn entspringende Energiestrom wurde als „Schopf des Zauberers" bezeichnet; er vitalisiert sich, wenn die Energien der Seele und des niederen Selbst sich vereinen. Er ist ein Sensor, der die Aktivitäten anderer Gemüter und Gedankenströme registriert. Das mythische Einhorn ist ein Symbol für die entwickelte spirituelle Natur des Menschen. Chinesische Mandarine trugen eine Pfauenfeder, um den „Schopf des Zauberers" darzustellen, und die Indianer Nordamerikas trugen die Adlerfelder. Die Haartracht von Bear Bull, einem Schwarzfuß-Indianer, illustriert diesen Aspekt der feinstofflichen Anatomie des Menschen. (Der silberne Schild des mentalen Körpers, Illustration von M. aus *The Dayspring of Youth*, 1970; Bear Bull, Foto Edward S. Curtis, USA, 1926.)

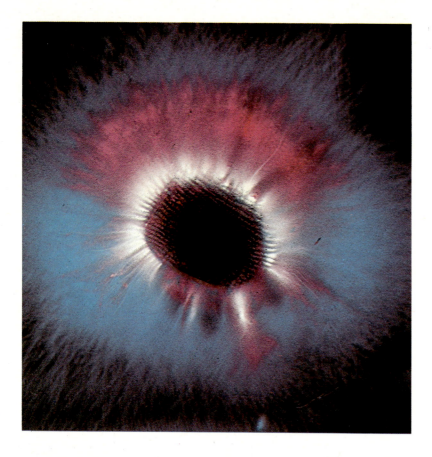

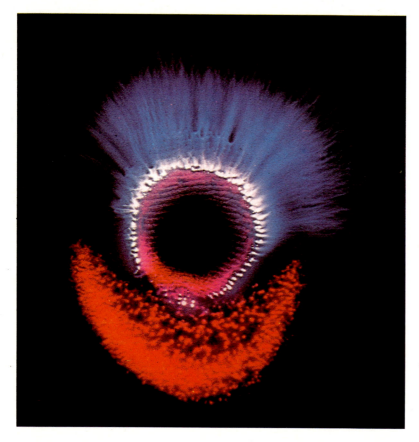

Die Qualität der individuellen Aura durchdringt den Raum, in dem ein Mensch lebt, und kündet von dessen Gesundheit, Charakter und spiritueller Reife. Diese Faktoren können von besonders sensiblen Menschen erkannt werden. Edgar Cayce, der Seher von Virginia Beach, stellte des öfteren Diagnosen für Menschen, die seine Hilfe suchten, aus den Eindrücken zusammen, die diese in ihrer Umgebung hinterließen. Yves Klein versuchte, diese unfaßbaren Felder und Eindrücke in seinen Gemälden festzuhalten. Er ging sogar so weit, eine Ausstellung mit leeren Räumen zu veranstalten, in denen er „Atmosphäre" geschaffen hatte. Die Kirlian- oder Hochspannungsfotografie wurde vor mehr als dreißig Jahren in Rußland von Semjon Kirlian erfunden. Sie macht Energieemissionen um verschiedene Objekte herum sichtbar. Sowjetische und amerikanische Forscher sind der Ansicht, daß diese Fotografien Aufschluß über den körperlichen, emotionalen und geistigen Zustand einer Person geben. Die Entdeckung einer physikalischen Erklärung für die Kirlian-Phänomene würde nicht ausschließen, daß das auf dem Film erscheinende Bild Aspekte der Aura zeigt. (Kirlian-Fotos eines Fingers, einmal im Zustand der Meditation und im „roten" Zustand des Zorns, von Daniel A. Keintz; Der Vampir, Malerei von Yves Klein, Frankreich, 1960.)

In der tantrischen Tradition werden die Leitungen der Lebenskraft oder Prana „Nadis" genannt. Sie bilden ein dichtes Netz feiner Energiefasern, welche die physische Form durchdringen. Einige Texte nennen 350000 Nadis, durch die Sonnen- und Mondenergien wie die Wellen des Meeres fließen. Es gibt 14 Haupt-Nadis. Ida, Pingala und Sushumna sind die wichtigsten. Sie sind auch bekannt als Ganga (Ida), Yamuna (Pingala) und Sarasvati (Sushumna) – nach den drei heiligen Flüssen Indiens. Entlang der Sushumna, des wichtigsten der Nadis, liegen die Chakras, die die Hauptempfänger von Energien sind und diese an die feinstofflichen Körper verteilen. Der negative lunare Strom der Ida beginnt am Grunde der linken Seite der Sushumna. Seine Farbe ist blaß, und er wirkt beruhigend. Der positive solare Strom der Pingala beginnt auf der rechten Seite, er wirkt erhitzend und hat eine frische rote Farbe. Diese beiden Nadis sollen die Sushumna oder ätherische Wirbelsäule von beiden Seiten kreuzen und sich am Ajna-Chakra treffen, wo sie den Merkurstab (caduceus) formen. Der erfahrene Yogi führt die innere Schlangenkraft (Kundalini) kontrolliert und geometrisch präzise diese Pfade entlang – vom Grunde der Wirbelsäule bis zum Kopf. (Die Nadis, Zeichnung, tibetisch.)

Adepten des Tao lehrten, daß der Mensch lebendig und unsterblich werden könne, wenn er lernt, sich mit der Urkraft zu vereinen. Diese Kraft wurde als Licht beschrieben. Wenn man sich auf sie konzentrierte und sie richtig durch die feinstoffliche Anatomie zirkulieren ließe, dann brächte sie alle Kräfte des Körpers oder niederen Selbst vor den Thron des Himmlischen Herzens in der Stirn. Dadurch würde das Leben verlängert, die Kräfte der Sonne und des Mondes vereinigt und ein unsterblicher Körper geschaffen. Die Zentren, durch die das Licht nach diesem System zirkuliert, entsprechen in vieler Hinsicht denen, die in der tantrischen Philosophie genannt werden. Sie werden als siebenfache „Baumreihe" oder Köperöffnungen beschrieben und durch menschliche oder tierische Formen symbolisiert. (Der Kreislauf des Körpers, nach einer Tafel im Kloster der Weißen Wolken in der Nähe von Peking, China.)

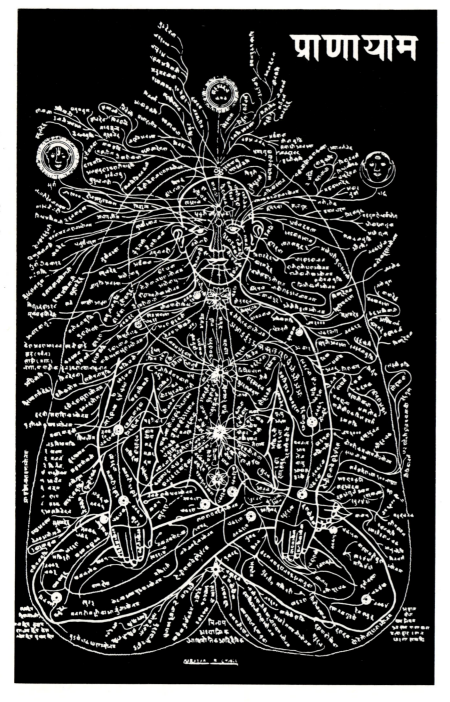

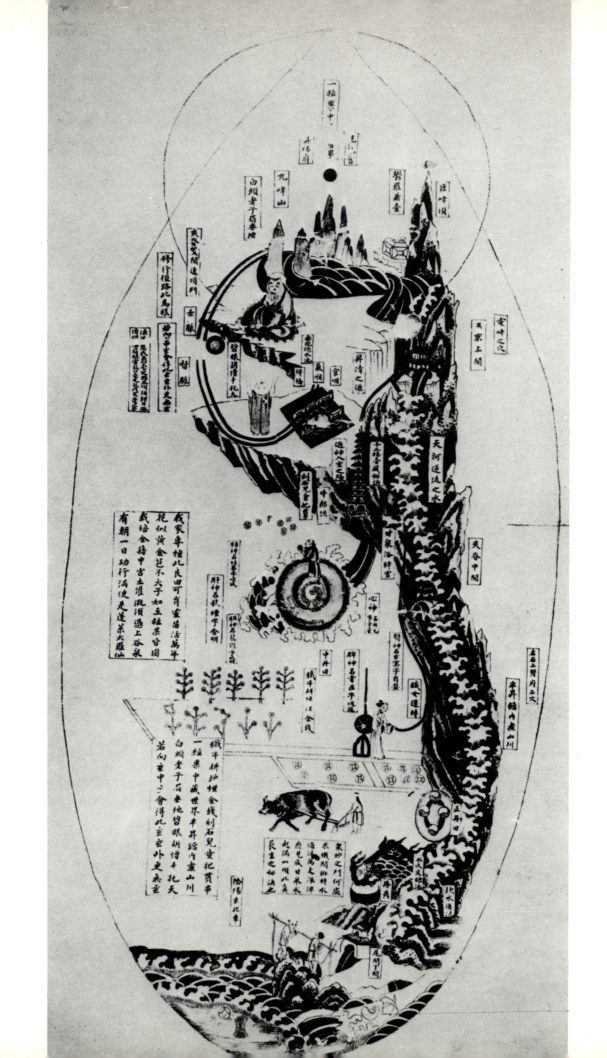

In allen Religionen spielt die Reinigung des niederen Selbst eine Rolle. Sorgfältige Kontrolle des Denkens und der Gefühle und eine natürliche Diät helfen, die Kräfte der drei Körper in Harmonie zu bringen, die die Seele als Vehikel der Manifestation benutzt. Maria, die Mutter Jesu, hatte durch lange Vorbereitung und Disziplin als Initiandin der Essener ihre Natur so gereinigt, daß sie für ihr Kind einen Körper von solcher Perfektion bereiten konnte, daß dieser zum Träger für den Christus wurde. (Madonna, Detail aus dem Konzert der Engel, Gemälde von Matthias Grünewald, frühes 16. Jh.)

Die drei „Gewänder" oder Körper des Buddha werden als Dharmakaya, Sambhogakaya und Nirmanakaya bezeichnet. Diese Vehikel besitzen eine solche Reinheit und magnetische Kraft, weil sie direkt aus der Monade entstehen, daß ein Buddha sich gleichzeitig in den drei Welten manifestieren kann: In dieser Welt als ein Meister der Weisheit; auf seiner eigenen Ebene als ein Boddhisattva und auf einer noch höheren Ebene als ein Dhyani Buddha. Dennoch sind die Drei nur Eins, wenn es auch den Anschein hat, als würde er auf drei unterschiedlichen Ebenen der Existenz erscheinen. Die Kraft der Gewänder Buddhas ist so groß, daß die Tibeter glauben, ihre spirituelle Evolution werde stark beschleunigt, wenn sie zu der Zeit leben, in der sich ein Buddha inkarniert hat. (Shaka, Seidenmalerei, Japan, 12. Jh.)

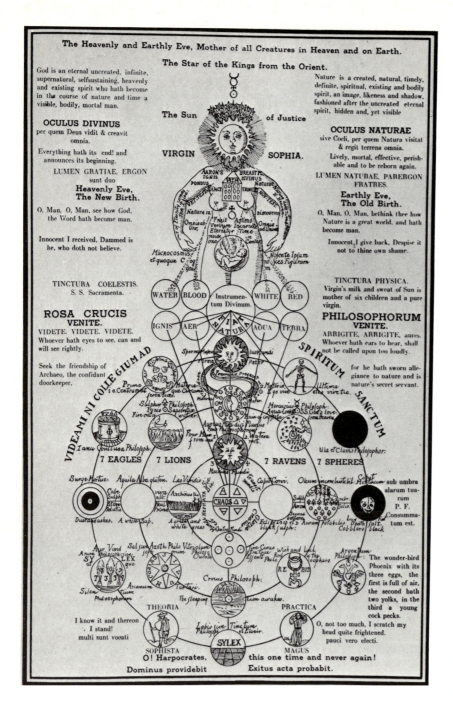

Eva ist Repräsentantin des materiellen Aspekts der Schöpfung, der Matrix, aus der eine Vielzahl der Formen entsteht. Der göttliche Akt der Erschaffung Evas aus einer Rippe Adams teilt das Eine, und die positiven und negativen oder maskulinen und femininen Polaritäten entstehen. Ihr Zusammenwirken als Geist und Materie oder Yin und Yang bringt die Lebensformen aller Wesen hervor. Der weibliche Aspekt der Schöpfung spielt im Glauben und in den Lehren vieler Völker eine wichtige Rolle und ist ein beherrschendes Thema unter den *Sangoma* (Medizinmänner und -frauen) in Südafrika. Diese weibliche Sangoma trägt das Symbol des Erdgeistes in Form eines Rhombus aus Perlen am Hals. Sie trägt eine mit Perlen besetzte Perücke, die das Fließen des Geistes von oben herab symbolisiert. Oft werden bei Ritualen Perücken getragen, die mit Hämatit behandelt worden sind, weil dieser mineralische Stoff als Blut der Mutter Erde verehrt wird. (Die himmlische und die irdische Eva, aus *A Christian Rosenkreutz Anthology;* Ghatebi, eine Sangoma, Foto Pierre Hinch, Südafrika, nach 1970.)

Sahasrara, das Scheitel-Chakra oder der tausendblättrige Lotos, befindet sich in den feinstofflichen Körpern genau über dem Kopf. Es ist als der Thron des spirituellen Reiches bekannt. Nach indischer Tradition wohnt hier Shiva, der Zerstörer von Unwissenheit und Illusion. Wenn dieses Zentrum voll erweckt ist, zieht es den weiblichen Aspekt oder die Materie in den Himmel, damit diese in spirituelle Substanz verwandelt wird. In der christlichen Tradition ist die Himmelfahrt Marias ein wichtiges spirituelles Ereignis, denn es kündigt den Punkt der Evolution an, an dem die Notwendigkeit der physischen Inkarnation nicht mehr besteht. Johannes schrieb: „Er geht nicht mehr heraus." In buddhistischen Lehren wird diese Stufe durch den Boddhisattva symbolisiert, der sich dann wieder der Welt der Menschen zuwendet und gelobt, so lange zurückzukehren, bis alle fühlenden Wesen die Vollkommenheit erlangt haben. (Scheitel-Chakra, C. W. Leadbeater in *Die Chakras;* Mariä Himmelfahrt, Ausschnitt eines Bildes von Girolamo da Vincenza, Italien, 15. Jh.)

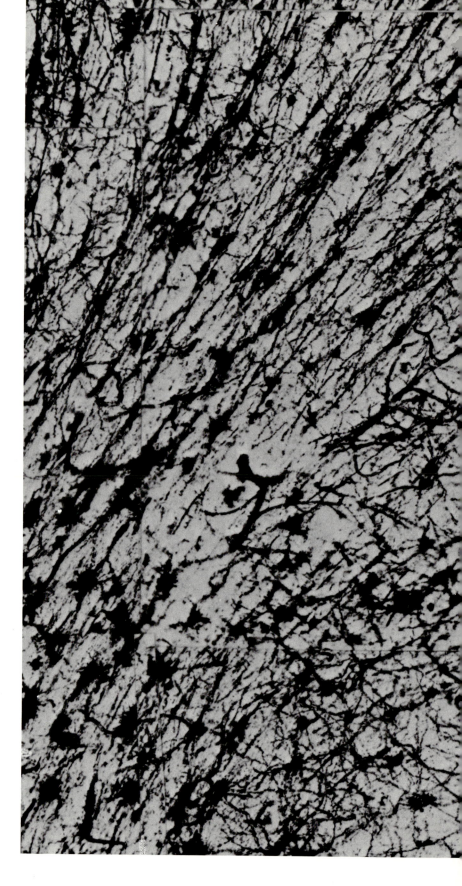

Stark vergrößerte Bilder von Neuronen der Kleinhirnrinde, deren Aufgabe die Kontrolle der Bewegung ist. Es zeigt sich ein netzähnliches Muster, das eine Spiegelung der Nadis oder des ätherischen Nervensystems sein könnte, wie die vedischen Seher es vor einigen tausend Jahren in ihren Schriften beschrieben haben. Der Künstler Jackson Pollock scheint dieses Muster durch intuitives und spontanes Auftröpfeln von Farbe auf Leinwand erfaßt zu haben, wobei der Verstand ausgeschaltet wurde und das synchron herausfließende Muster einer inneren Realität sich direkt ausdrücken konnte. (Neuronen in der Kleinhirnrinde, Foto nach der Golgi-Methode von D. A. Scholl in „Organization of the Cerebral Cortex", London 1956; Europa 1950, Ausschnitt eines Bildes von Jackson Pollock, USA, 1950.)

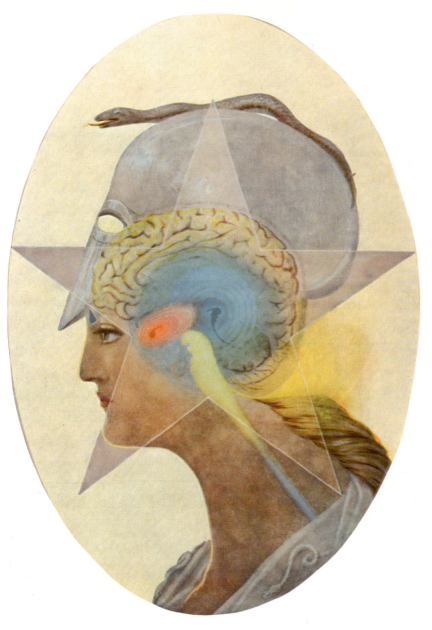

Der Kopf der Minerva ist ein Sinnbild der Weisheit und zeigt die dynamischen Energiefelder der Hypophyse und der Epiphyse, die sich vermischen und das dritte oder spirituelle Auge bilden. Wenn sich diese Felder harmonisch durchdringen und die die Kräfte der höheren und der niederen Natur koordiniert sind, dann erscheint die Krone oder der Heiligenschein um den Kopf herum. Das Schwanzende der heiligen Natter berührt die Medulla und zieht das Feuer oder die Energien der Wirbelsäule in den Körper der Hypophyse und von dort nach oben in die Zirbeldrüse. Dadurch werden die psychischen Kräfte, die durch das Individuum fließen, in höhere Chakras sublimiert. (Kopf der Minerva, Malerei von Mihran K. Serailian, USA, 1962.)

Die Zirbeldrüse ist nach Ansicht vieler Philosophen der Sitz der Seele. Sie ist ein Bindeglied zwischen der sichtbaren und der unsichtbaren Welt. Von Descartes wird oft die Aussage zitiert: „Beim Menschen berühren sich Seele und Körper nur an einem einzigen Punkt, der Zirbeldrüse im Kopf." Die Aktivierung der Gehirnzellen im Bereich der Zirbeldrüse durch Gebet und Meditation soll angeblich ein Erwachen der intuitiven Wahrnehmung herbeiführen. Diese Drüse wurde oft mit einer alchimistischen Retorte verglichen, die ihre spirituelle Essenz an den Menschen abgibt, wenn die Schlacken seiner Persönlichkeit weggebrannt sind; ihre Aktivität verwandelt ihn in einen Lichtträger. (Die Zirbeldrüse, Foto Lennart Nilsson, 1974.)

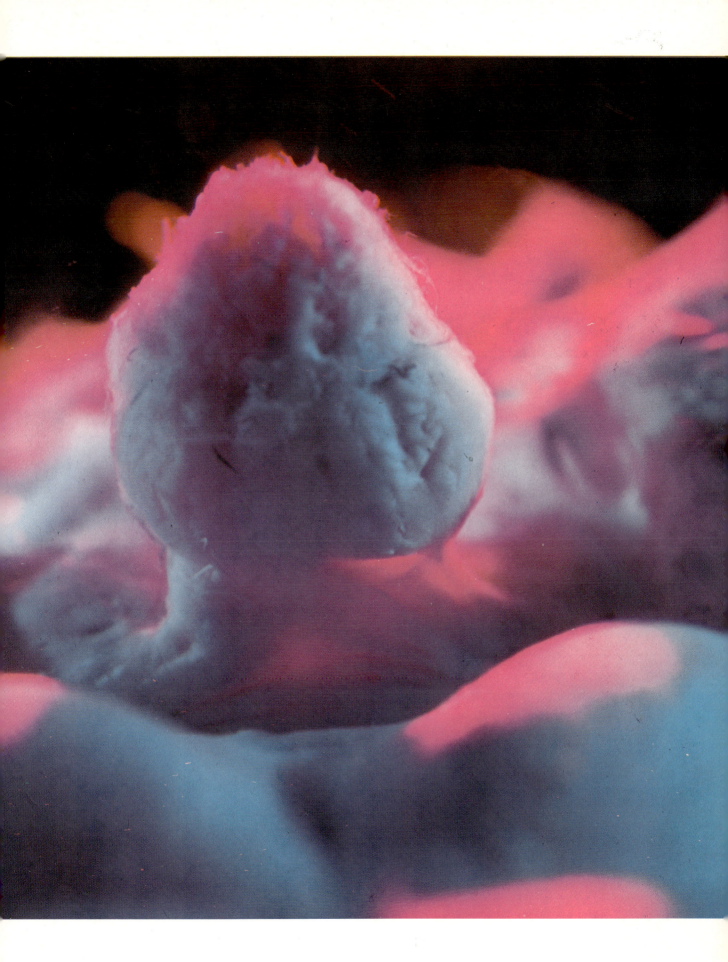

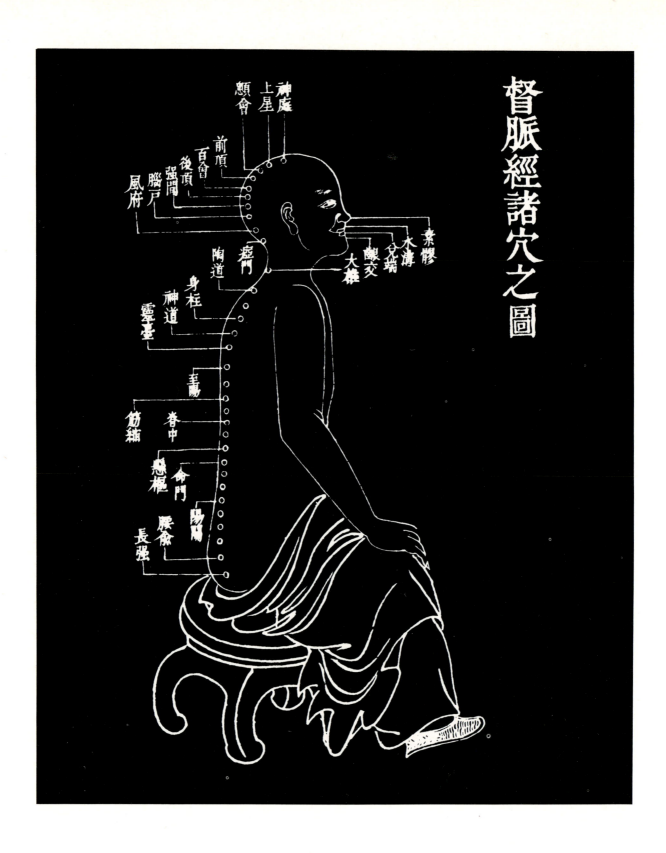

Ling-shu, ein alter medizinischer Text aus China, enthält 12 Diagramme der Kraftzentren des Menschen. Dieses System ist unter dem Namen „Der große Kreislauf" bekannt und hier in zwei Bahnen eingeteilt. Die absteigende oder autonome Zirkulation verläuft von der Unterlippe durch Brust und Bauch bis zum Ende der Wirbelsäule. Die aufsteigende oder kontrollierte Zirkulation verläuft vom Ende der Wirbelsäule an dieser

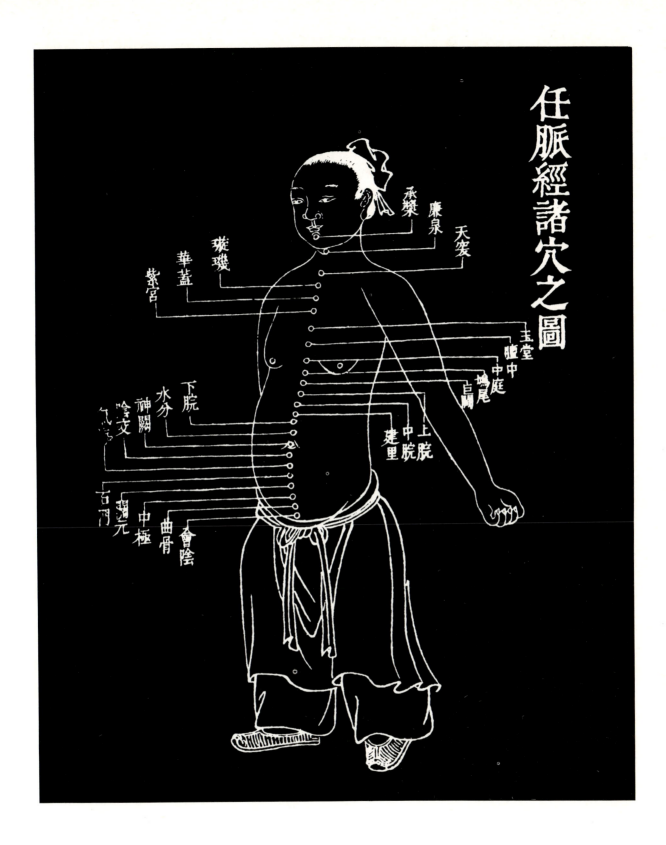

hinauf über den Kopf bis zur Oberlippe. Durch tiefes, rhythmisches Atmen und Visualisierungstechniken wurden psychische Energien durch dieses System befördert, um so Yin und Yang zu harmonisieren, das kosmische Bewußtsein zu erwecken und eine Identifikation mit dem Makrokosmos herbeizuführen. (Zentren auf der kontrollierten und autonomen Bahn, aus *Creativity and Taoism* von Chang Chung-Yuan.)

Vögel symbolisieren oft spirituelle Erhebung, und ihre Flügel werden auch Menschen angeheftet als Symbol für die Fähigkeit, die physische Welt zu transzendieren und Botschaften und Visionen von Gott zu übermitteln. Man sagt, die Seele besitze „Adlerschwingen", die die Welt des Geistes und der Form verbinden, und wer hinaufsteigen will, muß rein sein. Ikarus ist ein Symbol für den nicht initiierten Menschen, der sich ohne rechte Vorbereitung in Bereiche höherer spiritueller Energie vordrängt. Ihre Kräfte durchfließen seine ungereinigte Natur und treffen dabei auf solche Widerstände, daß sie alles verbrennen und vernichten. Jeder Mensch, der versucht, die Kundalini-Energie aufsteigen zu lassen, ist besonders anfällig für diese Gefahr, denn auch wenn es ihm teilweise gelingt, kann es doch zu pathologischen Veränderungen körperlicher und psychischer Art kommen. Im schlimmsten Fall kann die in ihm freigesetzte Kraft die „Sonnenatome" seiner Körper verbrennen und er zu einer „verlorenen Seele" werden, die sich für Äonen nicht inkarnieren kann. (Der Sturz des Ikarus, Ausschnitt eines Gemäldes von Joos de Momper d. J., Niederlande, 16.–17. Jh.)

Das heidnische Symbol der Taube erscheint im Christentum, wo es den Hl. Geist repräsentiert, den Schöpfer der Form, sanft, ehrfürchtig und rein. Bei Mariä Verkündigung strömen die formschaffenden Energien von Gott und werden in der Taube gebündelt, bevor sie im Bereich der Hypophyse – dem Symbol der Form – in den Kopf der Jungfrau eintreten. Der Raum, in dem sie kniet, kann auch als Kopf betrachtet werden; sie würde dann die Hypophyse symbolisieren. Der Pfau über ihr repräsentiert die Zirbeldrüse (Weisheit und Unsterblichkeit). Der Erzengel Gabriel im Hof trägt auf dem Haupt die Embleme der Sahasrara- und des Ajna-Chakras. (Die Verkündigung, von Carlo Crivelli, Italien, 15. Jh.)

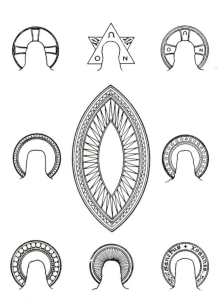

Heiligenscheine symbolisieren die Strahlungen des inneren Lichts, das von einer gereinigten und geheiligten Persönlichkeit ausgeht. Gerade ausstrahlende Linien repräsentieren die Kraft der Sonne oder Seele, gekrümmte Linien die lunaren Kräfte der niederen Natur, Kombinationen von beiden ein Gleichgewicht zwischen den Kräften der Seele und der Persönlichkeit. Hier, in der Agonie des Gartens von Gethsemane, trägt der Heiligenschein Christi das Zeichen des Kreuzes in sich, das seinen direkten und ungehinderten Kontakt zu Gott anzeigt. (Zeichnung der Heiligenscheine von Manly Palmer Hall, aus *Man, Grand Symbol of the Mysteries;* Christus auf dem Ölberg, Ausschnitt aus einem Mosaik, St. Markus, Venedig, 13. Jh.)

Der physische, ätherische, astrale und mentale Körper des Menschen sind sterblich. Diese Körper existieren nur für den Zeitraum einer Inkarnation. Der Kausalkörper jedoch ist relativ unsterblich und bleibt bis zum Zeitpunkt der Initiation zur Kreuzigung bestehen, an dem sich der Mensch auf den Weg zu höherer Evolution begibt. Beim Opfer der vollendeten niederen Natur Christi trat, wie berichtet wird, eine dreistündige Finsternis und Stille ein. Dann gab er sein Sein ganz auf und legte seine Seele auf den Opferaltar. Die Erfahrung der Vernichtung des Kausalkörpers durch den göttlichen Geist war so erschütternd, daß sich ihm ein Schrei fragenden Protests entrang: „Mein Gott, mein Gott, warum hast du mich verlassen?" (Mark. 15,34.) Später, als die Größe seiner Tat sein Bewußtsein überflutete, folgten die Worte: „Es ist vollbracht." (Joh. 19,30.) Geist und Materie waren nun vereint; für den einzelnen wie für die gesamte Menschheit hatte er den Weg gezeigt, der zu dieser vollkommenen Vereinigung führt. (Der Christus und Johannes vom Kreuz, Gemälde von Salvador Dali, Spanien, 1951.)

Themen

Der Mystiker kann sich so stark mit der Kreuzigung – der Initiation Christi – identifizieren, daß die Stigmata auf seinem Körper erscheinen und Blut aus den Wunden fließt. Das vielleicht bekannteste Beispiel dafür ist die Stigmatisierung des hl. Franziskus. In diesem Jahrhundert trug Pater Pio, ein italienischer Mönch, die Stigmata. Obwohl die Kirche ihn in ein abgelegenes Kloster schickte, suchten viele Menschen den Segen dieser schönen Seele. Eine Reihe von Fällen ist verbürgt, bei denen er die Fähigkeit der Bilokation zeigte: Er lebte in Italien, erschien aber gleichzeitig in England und heilte dort Menschen.

Die Aura in der Medizin

Die orthodoxe Medizin erkennt die Existenz der menschlichen Aura nicht an, aber eine Reihe von Ärzten hat diesen Aspekt des Menschen untersucht. Einer der ersten war Dr. Walter Kilner, der Leiter der Abteilung für Elektrotherapie am St. Thomas's Hospital in London. Er hatte theosophische Literatur über die Aura und das ätherische Double gelesen. 1908 begann er, mit Dizyanin-Scheiben zu arbeiten, um die menschliche Aura sichtbar zu machen. Der in den Scheiben verwendete Farbstoff übte einen speziellen Effekt auf das menschliche Auge aus: Er machte es sensibel für Strahlungen, die normalerweise nicht wahrgenommen werden. Mit Hilfe dieser Methode konnte Kilner das aurische Feld um seine Patienten herum sehen. Im Jahre 1911 veröffentlichte er seine Untersuchungsergebnisse in einem Buch *The Human Atmosphere,* das Diagramme und Scheiben enthielt. Kilner behauptete, daß die Aura bestimmte innere und äußere Komponenten besäße und daß diese Veränderungen zeigten, wenn eine Krankheit vorhanden sei. In keinem der Werke Kilners gibt es Anhaltspunkte dafür, daß er die Chakras sehen konnte; vielleicht konnte er durch die Scheiben nur die gröbsten Aspekte der Aura sichtbar machen. Er bestand hartnäckig darauf, daß die von ihm beobachteten Phänomene physikalischer Natur und in keiner Weise okkult seien. Seit den siebziger Jahren hat Dr. John Pierrakos, damals Direktor am Institute for Bioenergetic Analysis in New York, die Aura direkt ohne die Zuhilfenahme von Scheiben beobachtet. Seine Beobachtungen ähneln denen von Kilner sehr, und auch er hat versucht, sie in seiner Praxis diagnostisch zu nutzen. Auch Dr. Shafica Karagulla arbeitet mit sensiblen Menschen: mit Hellsichtigen, die die aurischen Felder sowie die verschiedenen Körper des Menschen und die Chakras sehen können. Die von ihnen beschriebenen Veränderungen in den Chakras und feinstofflichen Körpern haben nachweislich eine genaue und direkte Beziehung zu den aktuellen Krankheiten, die in den Krankengeschichten geschildert werden. In vielen Fällen können sensible Menschen pathologische Veränderungen in der Aura entdecken, bevor sie körperlich in Erscheinung treten. Zweifellos wird die Wissenschaft Instrumente entwickeln, die die menschliche Aura abtasten und diese subtilen Felder sichtbar machen.

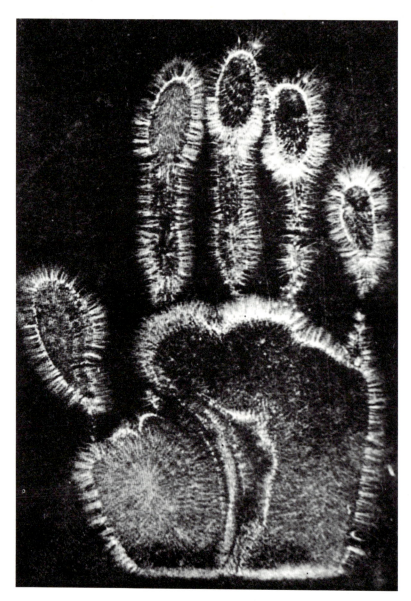

Eines der ersten Beispiele der Elektrofotografie, die die von der menschlichen Hand abstrahlenden Energielinien sichtbar macht. Dieses Foto wurde Ende des 19. Jh. aufgenommen. Die im rechten Winkel von der Bildfläche der Hand abstrahlenden Energielinien werden auch von Hellsichtigen beschrieben, die den Ätherkörper sehen können. (F. Baraduc, aus Milner und Smart.)

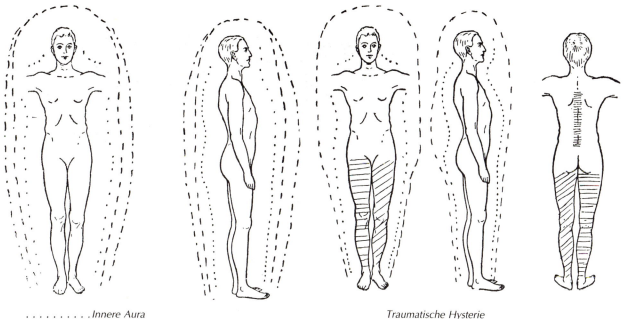

.... Innere Aura
– – – Äußere Aura
–·–·–·– Äußere Aura nach negativer elektrischer Aufladung

Traumatische Hysterie
≡ Dunkel an den quergestreiften Stellen
/// Hell an den quergestreiften Stellen.

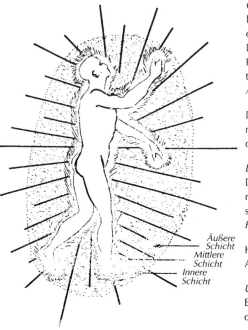

Oben, von links nach rechts:
Die menschliche Aura nach Kilner, mit einer inneren und äußeren Komponente. Die dritte, äußere Linie stellt die äußere Komponente dar, nachdem die Aura elektrisch aufgeladen wurde. (Kilner, *The Aura.*)

Die Aura eines Menschen mit einer traumatischen Hysterie zeigt Veränderungen des Feldes. (Kilner, *The Aura.*)

Links:
Die drei Schichten der menschlichen Aura, wie sie von Dr. John C. Pierrakos beschrieben wurden. (Regush, *Exploring the Human Aura.*)

Hypothetische Querschnitte durch die Aura von Epileptikern. (Kilner, *The Aura.*)

Unten:
Einige Energielinien, die von dem holländischen Radiästhesisten Dr. Phillipi in sei-

ner eigenen Aura in Höhe des Bauches entdeckt wurden. Diese Zeichnung wurde folgendermaßen angefertigt: Ein Blatt Papier wurde an ein Brett geheftet, und dann wurden mit einem Pendel Knotenpunkte im Kraftfeld ausfindig gemacht. Die Umrisse des Feldes entstehen durch die Verbindung der Punkte untereinander. Die Zeichnung wurde in den frühen sechziger Jahren angefertigt. Sie zeigt nach außen fließende Kraftlinien, die zu den Beschreibungen von Castaneda und Karagulla über fühlerähnliche Projektionen im Bereich des Solarplexus passen. Sensible Menschen, die mit Dr. Karagulla arbeiteten, haben festgestellt, daß einige die Fähigkeit besitzen, anderen Menschen mit Hilfe dieser fühlerähnlichen Strukturen, die sie auf die Aura richten, Energie zu entziehen. Nach meinen eigenen Beobachtungen sind Menschen, die an einer posttraumatischen Neurose leiden, hierin besonders geschickt.

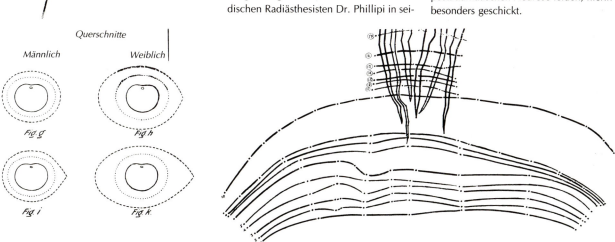

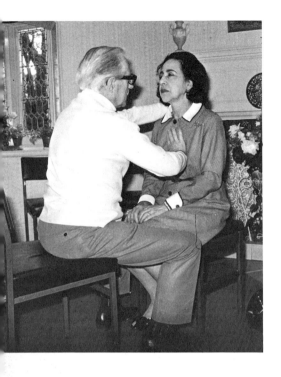

Heilen durch Handauflegen

Man hat die Heilkunst im Laufe der Jahre in zwei große Kategorien eingeteilt: Eine Richtung geht über den Körper an Gesundheit und Krankheit heran; die andere ist spirituell orientiert und geht vom ganzheitlichen Menschen aus. Bis vor kurzem hatten die Vertreter der orthodoxen Medizin keine Zeit für geistiges Heilen, und oft hatte der geistige Heiler wenig für die orthodoxe Medizin übrig. Heute erkennen die Weiterblickenden auf beiden Seiten die Notwendigkeit, in ihrem Bemühen um Heilung harmonisch zusammenzuarbeiten, und oft zeigen sich nennenswerte Ergebnisse. Vielleicht sollte der ideale Heiler Qualifikationen in einer anerkannten Heilmethode vorweisen können und das Wissen und die Fähigkeit zum geistigen Heilen besitzen. Aldous Huxley spielte mit der für ihn typischen prophetischen Gabe auf einen solchen Menschentyp an, als er den „Neuro-Theologen" beschrieb, der Menschen gleichzeitig als Helles Licht in der Leere und als vegetatives Nervensystem sieht, d. h. als Ganzheit von feinstofflichem und physischem Körper.

Zu dieser Seite:
Heilen wurde definiert als die Wiederherstellung einer Harmonie der komplexen Energien eines Menschen. Seit Urzeiten wurden die Hände mit ihrem kleinen Chakra in der Mitte der Handfläche benutzt, um heilende Energien durch den Patienten zu schicken. Hier behandelt Gilbert Anderson eine Patientin mit einem Emphysem.

Der international bekannte Heiler Harry Edwards gibt an, mit Geistführern und diskarnierten Heilern zusammenzuarbeiten.

Franz Anton Mesmer entwickelte das Konzept des animalischen Magnetismus, eine feinstoffliche Kraft, die alle Formen umgibt und durchdringt. Er behauptete, daß der menschliche Körper Pole und andere Eigenschaften von Magneten besitze und daß durch dieses magnetische Medium ein Körper auf einen anderen einwirken und einen Heilungsprozeß herbeiführen könne. Trotz oder vielleicht wegen vieler bemerkenswerter Heilerfolge in seiner Klinik in Paris stellte 1784 eine königliche Kommission fest: „Die Einbildung bewirkt alles, der Magnetismus gar nichts." (Projektion des Magnetismus, aus E. Sibley, *A Key to Magic and the Occult Sciences,* um 1800.)

Massage und die Fingerdrucktechnik des Shiatsu haben das Ziel, den Energiefluß durch den Organismus freizusetzen und zu normalisieren. (Jacques de Langre, *Do-in,* Oackland, Calif., 1971.)

Diese Karte zeigt einige Shiatsu-Druckpunkte, auf die Druck ausgeübt wird. Dieses System des Enrgieausgleichs hat den Vorteil, daß ein Mensch sich selbst behandeln kann. (Tokujiro Namikoshi, *Shiatsu,* Hackensack, N. J., 1969.)

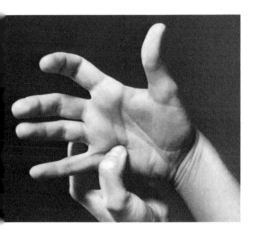

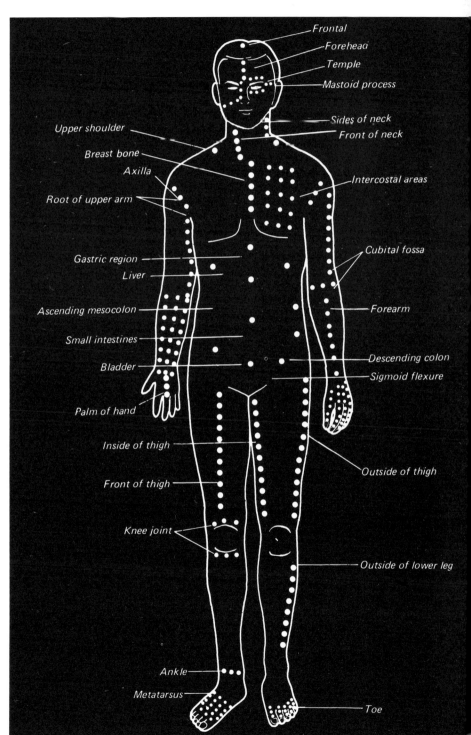

Akupunktur

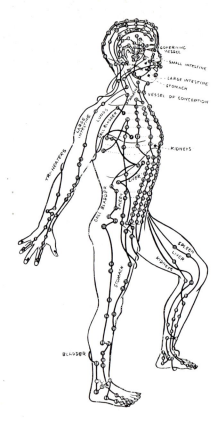

Seit vielen tausend Jahren ist die Akupunktur eine der traditionellen Heilformen in China. Sie gründet auf der Theorie, daß jede Krankheit durch Ungleichgewichte des Energieflusses durch Kanäle des menschlichen Körpers, die „Meridiane", ausgelöst wird. Akupunkteure sedieren oder stimulieren diese Energieströme, indem sie an bestimmten Körperstellen feine Nadeln einstechen und so die Gesundheit wiederherstellen. Es wird erzählt, daß vor fast 5000 Jahren der Gelbe Kaiser zu seinen Ärzten sagte: „Ich wünsche, daß alle Heilmittel außer der Akupunktur unterdrückt werden. Ich befehle, daß dieses Wissen und diese Methode aufgezeichnet und an spätere Generationen weitergegeben werden. Ihre Gesetze sollen aufgezeichnet werden, so daß sie leicht zu praktizieren und schwer zu vergessen ist." In den folgenden Jahren wurden Abhandlungen über das Thema geschrieben und Zeichnungen angefertigt, die die Akupunkturpunkte zeigten. Bronzestatuen des menschlichen Körpers mit Löchern an den Akupunkturpunkten wurden gegossen, die zur Ausbildung und bei Prüfungen benutzt wurden. Im Westen wird die Akupunktur heute in immer größerem Umfang benutzt. Ärzte, die sich Krankheiten früher als rein organische Pathologien vorstellten, denken nun in Kategorien von Energiefluß und Energieverteilung.

Links:
Moderne Zeichnungen, die Meridiane und Akupunkturpunkte zeigen. (Wu Wei Ping, *Acupuncture,* 1962.)

Unten:
Traditionelle Zeichnung aus China, Ming-Periode, die einen Meridian und Akupunkturpunkte darstellt.

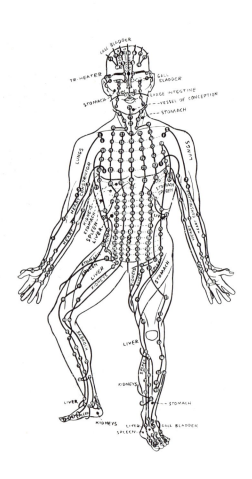

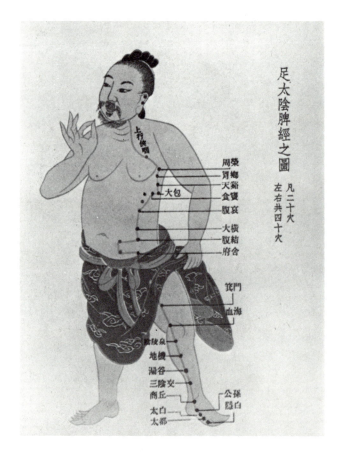

Traditionelle Akupunkturnadeln sind aus feinem Stahl gefertigt und am Griff mit Kupferdraht umwickelt. Manchmal werden zur Stimulation oder Sedierung Gold- oder Silbernadeln bevorzugt. Die Nadel wird in den passenden Akupunkturpunkt bis zur angezeigten Tiefe eingestoßen. Sie kann vom Akupunkteur bewegt oder einfach in Ruhe gelassen werden. Auf ein leichtes Ziehen hin gleitet sie wieder leicht aus dem Fleisch heraus. In China wird oft eine Betäubung durch den Einstich einer Nadel an einer bestimmten Stelle des Armes herbeigeführt. Dafür ist natürlich ein sehr geschickter Umgang mit der Nadel erforderlich, aber die Methode ist so erfolgreich, daß auch größere Operationen bei vollem Bewußtsein durchgeführt werden. Nach der Operation leiden die Patienten nicht unter schlimmen Nachwirkungen, wie sie oft mit westlichen Methoden verbunden sind. (Akupunkturbehandlung, Ungarn.)

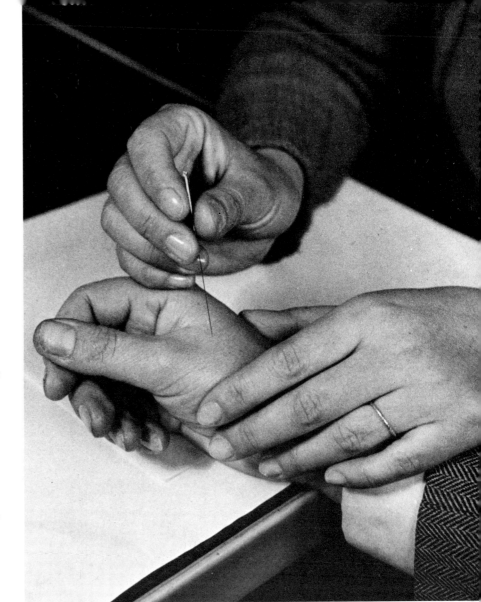

Die Moxenbehandlung von Akupunktürpunkten ist am wirkungsvollsten, wenn ein mit Artemisia gefüllter Kegel an der (den) ausgewählten Stelle(n) verbrannt wird. Einige Praktiker im Westen benutzen einen Moxenhammer, der auf der einen Seite einen abgerundeten Kopf und auf der anderen Seite einen zugespitzten Kopf hat. Er wird ein paar Sekunden lang über einer Spiritusflamme erhitzt, bevor die Behandlung am ausgewählten Punkt beginnt. Der abgerundete Kopf wird zur Sedierung und der zugespitzte Kopf zur Stimulation benutzt.

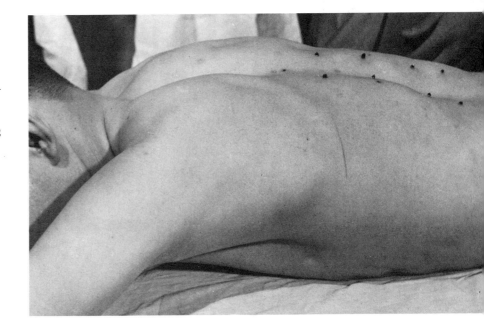

Ätherische Formkräfte

Chang Tsai (1020–77) schrieb: „Die Große Leere muß aus Äther bestehen; dieser Äther muß sich zusammenziehen, um alle Dinge zu formen; und diese Dinge müssen sich fein verteilen, um wiederum die Große Leere zu formen." Dieser Äther oder die materielle Energie wurde „Ch'i", die materielle Ursache, genannt. Später fügten Philosophen das metaphysische Prinzip „Li" hinzu, und Chu Hsi sagte: „Die Schöpfung des Menschen hängt einfach von der Vereinigung des Prinzips mit dem Äther ab. Das himmlische Prinzip, T'ien Li, ist groß und unerschöpflich. Die Fähigkeit der Menschen zu sprechen, sich zu bewegen, zu denken und zu handeln stammt vollständig vom Äther; und dennoch wohnt dieses Prinzip darin."

Die vedischen Seher Indiens hatten ähnliche Ansichten. Auch sie sagten, daß der Ursprung der Welt im Äther liege..." Denn alle Lebewesen entstehen nur aus dem Äther und kehren in den Äther zurück. Äther ist größer als sie, Äther ist ihr Rest."

Grundlage der festen, flüssigen und gasförmigen Aspekte des physischen Körpers sind vier Ebenen verdünnter Materie, die als das Ätherische bekannt sind. Rudolf Steiner nannte sie die ätherischen Formkräfte und bezeichnete sie als den Mutterboden, dem alle physischen Formen entspringen. Jeder dieser Äther ist ein konstituierender Teil des ätherischen Körpers des Menschen; und sie verbinden sein körperliches Fahrzeug mit den astralen Ebenen seines Seins. Die erste Ebene ist der Wärmeäther, der mit elektrischen Phänomenen verbunden ist. Die zweite ist der Lichtäther, in dem sich die Qualität des Lichts ausdrückt. Der dritte oder chemische Äther ist der Äther des Klanges und der Zahlen; und der vierte, der Lebensäther, steht in Beziehung zu Farben. Jede dieser Ätherformen läßt bestimmte geometrische Formen entstehen. Wo der Wärmeäther vorherrscht, treten kugelige

Formen auf, der Lichtäther läßt Dreiecksformen entstehen, der chemische Äther Scheiben oder Halbmonde. Im menschlichen Körper kann man das Vorherrschen des Lichtäthers an der Dreiecksform der rechten Adrenalindrüse erkennen. An der halbmondförmigen linken Adrenalindrüse kann man das Vorherrschen des chemischen Äthers ablesen. Die Herzklappen zeigen, daß hier die Formkräfte des chemischen Äthers walten. Der Lebensäther hat die Tendenz, rechteckige Formen hervorzubringen. Wenn sich diese Kräfte in einem Zustand der Harmonie und des freien Flusses befinden, ist der Organismus gesund. Entstehen aus irgendwelchen Gründen Ungleichgewichte unter den Äthern, führt die Verzerrung oder Blockade Veränderungen im physischen Körper herbei, und eine Krankheit tritt ein, die sich vom feinstofflichen auf den physischen Bereich überträgt.

Links:
Die scharfen, hellen Scheiben des chemischen Äthers. (Alle vier Fotos aus Milner and Smart, *The Loom of Creation*.)

Der Lebensäther ist schwer zu fotografieren. Man kann aber an den Außenbereichen der dunklen Masse seinen abtrennenden Effekt beobachten. In diesem Bild tauchen auch Scheiben des chemischen Äthers auf.

Rechts:
(Oben:) Die strahlenden, hervorstechenden Dreiecksformen des Lichtäthers beherrschen dieses Bild. – (Unten:) Anhäufungen hoch entwickelter Wärmeäthersphären, die an Fotos von Zellen unter dem Elektronenmikroskop erinnern.

Diese Fotos stellen die vier ätherischen Formkräfte in ihrem ursprünglichen Zustand dar, bevor sie zur Formbildung benutzt wurden.

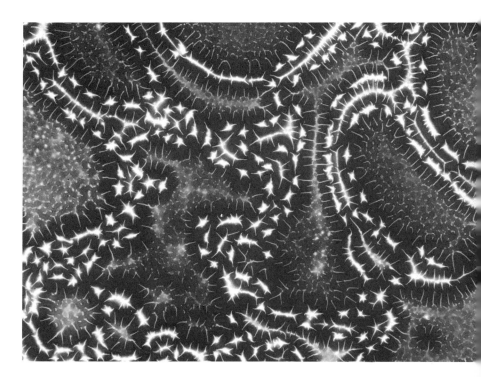

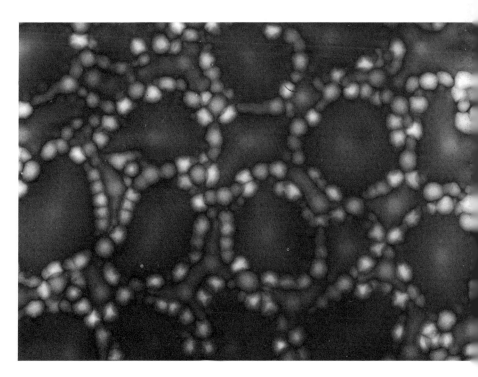

Die Aura in der Kunst

Seit frühesten Zeiten hat der Mensch versucht, die Strahlung und Schönheit der menschlichen Aura darzustellen. Es war das Los der Künstler und der Visionäre, diese sehr schwere und frustrierende Aufgabe zu erfüllen. Für den Künstler, der eine echte innere Schau besitzt, ist es ganz unmöglich, die verwirrenden und oft kaleidoskopartigen Veränderungen von Farbe und Form der Aura auf die Leinwand zu bannen. Frühe buddhistische und christliche Maler und Visionäre bis hin zu Blake halfen sich damit, die aurischen Felder zu stilisieren. Odilon Redon zeigt die Aura als ein durchsichtiges, pastellfarbenes Gebilde, dessen unregelmäßige Form den Eindruck eines pulsierenden, sich bewegenden Energiefeldes hinterläßt.

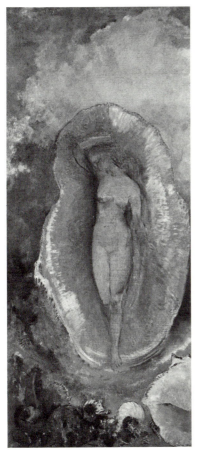

Von links nach rechts:
Felszeichnung der Navajos einer geheimnisvollen Engelsgestalt (Neu-Mexiko, frühes 18. Jh.)

Buddhistische Skulptur mit Lotosblättern und -blüten, die die Aura darstellen. (Hölzerne Kan-non, Nara, Japan, 9. Jh.)

Die Geburt der Venus, Gemälde von Odilon Redon, 1912. (Kimbel Art Foundation, Fort Worth, Texas.)

Albion steht von seiner Arbeit auf, Stich von William Blake, 1780. (National Gallery of Art, Washington, DC.)

Gesichts- und Kopfschmuck

In allen Kulturen wurden Kopf und Gesicht geschmückt, um innere spirituelle Werte auszudrücken und die Aufmerksamkeit auf dieses Kraftreservoir zu lenken. Federn, Perlen, Farben und eine Vielzahl von Objekten repräsentieren entweder Kraftzentren auf Stirn und Scheitel oder symbolisieren die Aura um den Kopf. Häuptlinge oder Priester waren als Weise entsprechend ihrem Rang und spirituellen Verständnis ganz besonders geschmückt. Die Augen, oft als Spiegel der Seele bezeichnet, sind starke Manipulatoren von Energie. Heute wie in früheren Zeiten werden sie verziert, um sie hervorzuheben.

Oben:
Ein Karajá-Indianer in vollem zeremoniellem Schmuck mit kreisförmigen Stammesabzeichen auf Wangen und Unterlippe. Die Kreise auf den Wangen und der kreisförmige Federschmuck sitzen genau an den Stellen, wo sich nach tibetischen Quellen vier kleinere Chakras des Kopfes befinden. Sein Haar ist im Bereich des Scheitel-Chakras zu einer antennenartigen Erhebung geformt und erinnert an Darstellungen dieses Kraftzentrums in buddhistischer Kunst.

In Teilen Südafrikas wird häufig eine Kaurimuschel auf der Stirn im Bereich des Dritten Auges getragen.

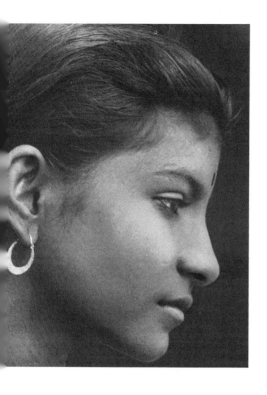

Kastenzeichen auf der Stirn eines indischen Mädchens.

Credo Mutwa, ein *Sangoma* der Zulu, mit allen Attributen bei einer Initiationszeremonie. Auf dem Kopf trägt er eine Krone aus Metall und eine Rhombusform über der Stirn im Bereich des Dritten Auges. Die Rhombusform (vgl. S. 51) wird oft benutzt, um die Kräfte der Erde oder des niederen Selbst zu symbolisieren, deren Energien in der Stirn gesammelt werden, bevor sie den Kräften im Bereich der Zirbeldrüse untergeordnet werden.

Initiation einer *Sangoma* aus Swasiland. Die Blasen auf der Stirn der Zauberschülerin *(Twasa)* wurden dem Opfertier entnommen und enthalten eine wichtige Lebensessenz: den Atem ihrer Lehrerin (links), die Moya oder den Lebensatem repräsentiert. Eine weitere Essenz des Lebens ist die rötliche Ockerfarbe, die ihr Haar schmückt.

 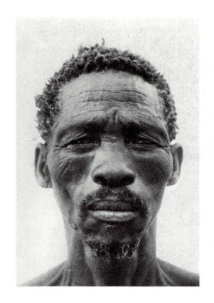

Das dritte Auge

Wenn die Energien der Seele, die durch das Sahasrara oder Scheitel-Chakra und die Zirbeldrüse fließen, sich mit den Energien der Persönlichkeit verbinden, die durch das Ajna-Chakra und die Hirnanhangdrüse wirken, dann manifestiert sich das dritte Auge. Die Vermischung der Energiefelder formt das Auge Shivas – mit diesen Augen kann die Seele das göttliche Licht in allen Erscheinungsformen unterscheiden. Durch konzentrierte Aufmerksamkeit können mit zielgerichteten Energien die niederen Elemente der Erde, der Luft, des Feuers und des Wassers aus den feindstofflichen Körpern ausgetrieben werden, die die Persönlichkeit formen. So wird das niedere Selbst gereinigt. Ein alter Kommentar drückt es so aus: „Die Seele wirft einen Blick auf die Form des Geistes. Ein Lichtstrahl strömt aus, und die Dunkelheit verschwindet; Verzerrungen und üble Formen sterben, und alle kleinen Feuer erlöschen; die weniger hellen Lichter sind nicht mehr zu sehen. Durch Licht erweckt das Auge die notwendigen Seinsformen. Dem Schüler bringt es Wissen. Der Unwissende wird keinen Sinn erkennen."

Linke Seite:
Die Freisetzung der Weisheit in Form der Göttin Minerva aus der Stirn des Philosophen, hier als Zeus, an seiner Schulter sitzt ein Adler, das Symbol der Seele. Im Hintergrund eine männliche und eine weibliche Gestalt, durch Umarmung die Verbindung der Kräfte der Seele und der Persönlichkeit andeutend. (Alchimistischer Stich von Michael Maier, *Atalanta Fugiens,* 1618.)

Auf seinem ersten Jagdzug erfährt der Kalahari Buschmann eine Initiation. Ein kreisrundes Stück Haut wird aus der Stirn

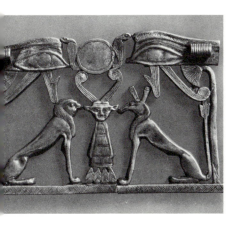

des Tieres geschnitten, das er erlegt. Zwischen seinen Augenbrauen wird dann ein Einschnitt gemacht und das Hautstück des Tieres darübergerieben. Zweck dieses Rituals ist es, den Jäger mit einer den Jagdtieren überlegenen Sicht auszustatten. Die Sinnesschärfe der Buschmänner ist berühmt. Es wird berichtet, viele von ihnen könnten vier Monde des Jupiter mit bloßem Auge sehen.

Der Sage nach zerstörten die Götter die Gabe der Hellsichtigkeit im Menschen, um ihn zu zwingen, höhere Formen spiritueller Wahrnehmung zu suchen. Diese Bilderschrift aus Mexiko soll diese Legende illustrieren. Sie zeigt einen Priester oder eine gottähnliche Gestalt, die Stirn eines Menschen mit spitzem Instrument behandelnd. Wer Hellsichtigkeit irrtümlich für ein Zeichen hoher Spiritualität hält, könnte meinen, diese Bilderschrift stelle das Öffnen des dritten Auges dar. Zum jetzigen Zeitpunkt der menschlichen Evolution wäre eine solche Öffnung der inneren Schau jedoch für viele ein Schritt zurück.

Die von der Hirnanhang- und der Zirbeldrüse ausgehenden Energien werden durch den Tiger und den Drachen symbolisiert; sie vermischen sich im alchimistischen Kessel des Kopfes und bilden dort das dritte Auge. (Taoistische Illustration, China.)

Rechte Seite:
Auf Skulpturen des Buddha wird das dritte Auge oft durch eine knopfartige Erhebung angedeutet; manchmal wird auch ein Edelstein oder Halbedelstein in die Stirn eingesetzt. (Gakko Bosatu, Nara, Japan, ca. 8. Jh.)

Das Auge ist oft ein Symbol für Gottes Allgegenwart und die erwachten intellektuellen und inneren Kräfte des Menschen. Die Ägypter benutzten dieses Symbol oft in ihrer Hieroglyphenschrift und in Schmuckstücken. (Brustplatte, Ägypten, 20.–18. Jh. v. Chr., Eton College, Windsor, England.)

Der Seraph, über und über – sogar auf den Handflächen – mit Augen bedeckt, illustriert das universelle Thema des „allsehenden Auges". Ein Lied der Eskimo aus Alaska lautet:
Mein Körper ist ganz mit Augen bedeckt:
Sieh! Sei ohne Furcht!
Ich schaue alles um mich herum.

(Ausschnitt aus einem Fresko des Meisters von Pedret, Lérida, Spanien, 11. Jh., Museo de Bellas Artes de Cataluña, Barcelona.)

Bewußtseinsebenen

Nach der Lehre verschiedener esoterischer Schulen ist die Schöpfung in sieben Stufen des Bewußtseins oder der Materie eingeteilt. Der Mensch als Ebenbild Gottes spiegelt dieses Muster durch seine Manifestation auf der kosmischen physischen Stufe wider. Er zieht Materie von den verschiedenen Ebenen ab, um Körper zu schaffen, durch die er die Göttlichkeit auszudrücken lernt, die der Ursprung seines Seins ist. Die Vorstellung von Abstufungen des Bewußtseins und der Substanz sind so allgemein verbreitet, daß man sie im Christentum, in der Theosophie, in Buddhismus, Yoga, Judaismus, bei den Rosenkreuzern, den Sufis und in den Lehren des alten Griechenlands und Ägyptens finden kann. Diese Vorstellung findet sich auch in der Religion des Zarathustra und im Glauben der Polynesier. Ein Verständnis dieser untereinander verknüpften Bewußtseinsebenen ist die Grundlage des Studiums der feinstofflichen Anatomie des Menschen.

Diese Seite:

Eine genaue Skizze der Energiekomplexe, die die okkulte Anatomie des Menschen ausmachen. Die Kraftlinien, die die drei Aspekte der Monade verbinden, können von ihrem Ursprung durch die Spirituelle Triade hindurch bis zu den Blütenblättern des Sonnenlotos verfolgt werden; von da aus treten sie durch die Chakras des mentalen, astralen und Ätherleibes nach außen. Für einen Menschen auf der physischen Ebene sind diese Linien Pfade, auf denen er zu seinem Ursprung zurückkehren kann. Es ist interssant, daß alle Kraftlinien von den niederen Körpern und Chakras zu den höheren führen und von da aus zur Seele oder zum Zentrum des Christusbewußtseins, bevor sie zur Monade weitergehen. Wir werden an das Wort Christi erinnert: „Niemand kommt zum Vater denn durch mich." (The Egoic Lotus and the Centres, aus Bailey, *Treatise on Cosmic Fire.*)

Eine modifizierte Version der sieben Bewußtseinsebenen, die eine symbolische Deutung der Substanz des Menschen und seiner Wahrnehmungsstrukturen zeigt.

Die innere Verfassung des Menschen und seine Bewußtseinsebenen nach Auffassung der Psychosynthese, eines modernen Ansatzes der Psychologie des ganzen Menschen, bei dem die Integrationskraft des Transpersonalen oder Höheren Selbst betont wird. (Roberto Assagioli, *Die Schulung des Willens,* Paderborn 1982.)

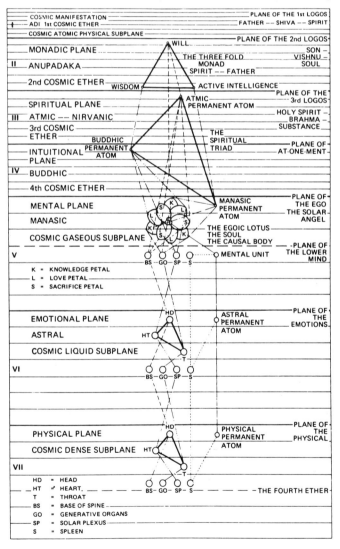

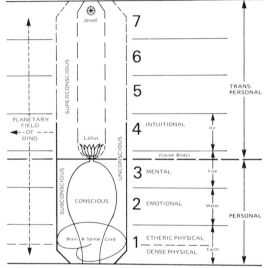

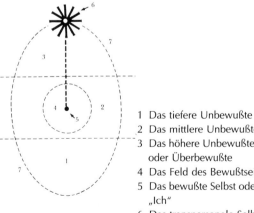

1 Das tiefere Unbewußte
2 Das mittlere Unbewußte
3 Das höhere Unbewußte oder Überbewußte
4 Das Feld des Bewußtseins
5 Das bewußte Selbst oder „Ich"
6 Das transpersonale Selbst
7 Das kollektive Unbewußte

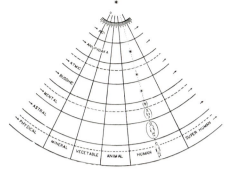

Diese Seite:
Diese Karte zeigt die verschiedenen Ebenen, auf denen der Mensch lebt, und skizziert die Ordnung der Reiche der Natur, die die Materie in ihrem evolutionären Fortschritt durchlaufen muß. (Die Ebenen, auf denen der Mensch lebt, aus I. K. Taimni, *Self-Culture,* London 1970.)

Dieses Diagramm der Bewußtseinsstufen illustriert die der physischen Ebene des Menschen eigene deutliche „Getrenntheit"; dort sind die Strahlenspitzen am weitesten voneinander entfernt. Die Strahlen erweitern sich auf der astralen Ebene, wodurch ausgedrückt wird, daß dort das Bewußtsein weniger abgetrennt funktioniert. Erst auf der höheren Stufe der mentalen Ebene (der Seelenstufe) vermischen sie sich, und auf der Buddhi-Ebene überlagern sie sich; hier wird ein wahres Gefühl der Einheit erfahren. (Einheit in der Vielfalt, aus Powell, *The Causal Body.*)

Eine Interpretation der Rosenkreuzer der verschiedenen Bewußtseinsebenen oder Welten, in denen der Mensch als spirituelles Wesen funktioniert. (*A Christian Rosenkreutz Anthology,* London 1968.)

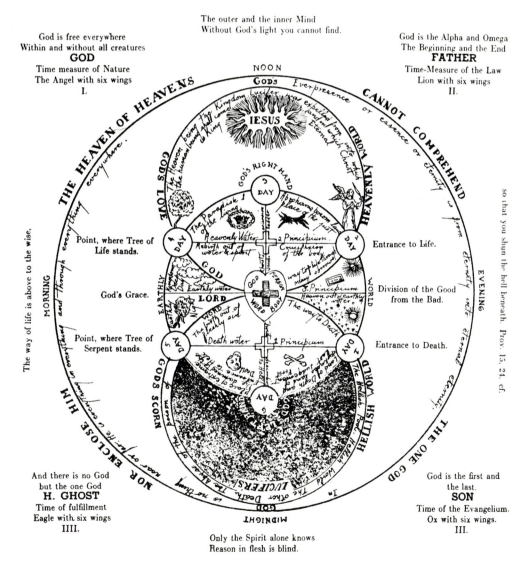

81

Die sieben Hauptchakras der Wirbelsäule

Chakra	Drüse	Regierte Organe
Scheitel	Zirbeldrüse	Obere Gehirnhälfte, rechtes Auge
Ajna	Hirnanhangdrüse	Untere Gehirnhälfte, linkes Auge, Ohren, Nase, Nervensystem
Kehlkopf	Schilddrüse	Bronchien, Stimmapparat, Lunge, Speiseröhre
Herz	Thymusdrüse	Herz, Blut, Vagusnerv, Kreislauf
Solar plexus	Bauchspeicheldrüse	Magen, Leber, Galle, Blase, Nervensystem
Sacrum	Geschlechtsdrüsen	Fortpflanzungsapparat
Basis	Adrenalindrüsen	Wirbelsäule, Nieren

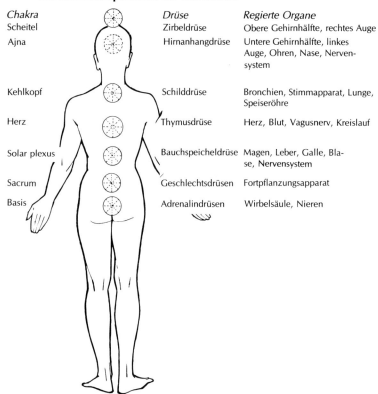

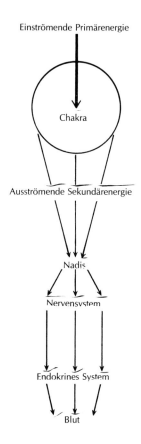

Empfänger und Überträger von Energie

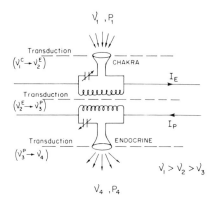

Durch die Chakras, die größeren Nervengeflechte, die kleineren Nervenknoten und das komplizierte Netzwerk der feineren Nerven nimmt der Mensch Energien und Kräfte auf, die ihm von vielen Quellen innerhalb des Universums zufließen, u. a. von den Konstellationen des Tierkreises und der Planeten. Energien der mentalen, emotionalen und ätherischen Umgebung hinterlassen ebenfalls Eindrücke. Wenn seine spirituelle Entfaltung voranschreitet, wird er immer feinfühliger für die Kräfte, die ihm von seiner Seele zufließen; diese sind darauf ausgerichtet, die Persönlichkeit zur Erfüllung ihres Zieles zu treiben.

Die Chakras sind sowohl Empfänger als auch Überträger von Energie für kreative oder destruktive Ziele. Ein Mensch, der in seinem Astralkörper stark polarisiert ist und durch ein unkontrolliertes und hochentwickeltes Sonnengeflecht arbeitet, kann in seiner Umgebung auf die eine oder andere Weise Zerstörungen anrichten. Andererseits verbreitet ein Mensch, der kreativ durch das Kehl- oder Herz-Chakra arbeitet, Frieden und Harmonie, so daß andere Menschen durch seine Gegenwart aufgerichtet und inspiriert wer-

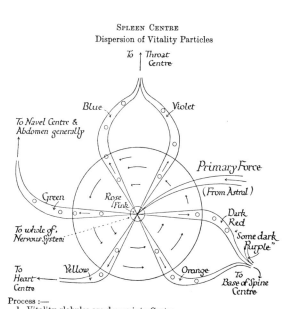

SPLEEN CENTRE
Dispersion of Vitality Particles

Process:—
1. Vitality globules are drawn into Centre.
2. Vitality globules are broken up into particles.
3. Vitality particles are whirled round by "secondary" forces.
4. Vitality particles are seized by appropriate "spoke," and despatched to destination shown.

TOP-OF-HEAD CENTRE

Appearance:
Central portion: "gleaming white, flushed with gold."
Outer portion: "most resplendent of all, full of indescribable chromatic effects."
Number of "spokes": Central portion 12, outer portion 960.
Function of Astral Centre: perfects and completes faculties.
Function of Etheric Centre: gives continuity of consciousness.

den. Wenn das Gesetz durch die Reinigung des dreifachen unteren Selbst und den Dienst an anderen erfüllt wird, entfalten sich die Zentren langsam und automatisch. Wenn der Aspirant versucht, durch Chanting und andere sogenannte spirituelle Übungen zur Entfachung des inneren Feuers das Öffnen der Chakras zu erzwingen und deren Aktion zu intensivieren, kann er unwissend Energien freisetzen, die seine Körpergewebe im wahrsten Sinne des Wortes verbrennen, besonders die des Nervensystems und des Gehirns. Dadurch kann eine körperliche und emotionale Instabilität oder im schlimmsten Falle eine geistige Umnachtung herbeigeführt werden. So kann der Keim weiterer Schwierigkeiten in künftigen Inkarnationen gelegt werden. Der Schlüssel zur Öffnung der Zentren ist die beständige Orientierung zur Seele hin und eine Empfänglichkeit für Seelenkontakte, die sich im Dienst am Nächsten ausdrückt.

Linke Seite:
Jedes Chakra externalisiert sich als eine endokrine Drüse und regiert gewisse Körperzonen. Diese Zeichnung zeigt dem Heiler, welche Körperzonen mit welchen Zentren in Verbindung stehen. Bei der Behandlung kann die rechte Hand dazu benutzt werden, Energie in ein Chakra einzuführen, während die linke über den Bereich des Körpers gehalten wird, in dem ein Problem vorhanden ist. (Die sieben Hauptchakras der Wirbelsäule, aus Tansley, *Radionics and the Subtle Anatomy of Man*.)

Die Energie, die in ein Chakra und durch den Organismus fließt, sollte im Idealfall ihren Ausdruck auf der physischen Ebene finden; Behinderungen des Flusses führen letztlich zur Krankheit. Wenn ein Chakra durch einen physischen oder einen emotionalen Schock beschädigt wird, kann der Empfang oder die Verteilung von Energie beeinträchtigt werden, woraufhin die Funktionen des Körperbereiches gestört sind, der von diesem Zentrum regiert wird. Eine emotionale Erschütterung, die das Kehl-Chakra beschädigt, kann zu Asthma führen. Wird das Zentrum des Sonnengeflechts beschädigt, kann Diabetes entstehen. Wenn das Chakra wieder in einen Zustand des Gleichgewichts übergeführt werden kann, wird der physische Organismus folgen und wieder gesunden.

Für einen richtigen Energiefluß müssen die verschiedenen Aspekte des physischen Körpers und der feinstofflichen Körper gut koordiniert werden. Eine schlechte oder lockere Verbindung zwischen den Nadis und dem Nervensystem führt oft zu einer chronischen Ermüdung. (Energiefluß durch ein Chakra, aus Tansley, *Radionics and the Subtle Anatomy of Man*.)

Eine moderne Interpretation der Beziehung und des Energieflusses zwischen einem Chakra und einer endokrinen Drüse. (William Tiller, *Radionics, Radiesthesia and Physics*.)

Diese Seite:
Die belebende Energie der Sonne wird vom Chakra der Milz aufgenommen und über den Ätherkörper an den physischen Leib verteilt. (Das Zentrum der Milz, aus Powell, *The Etheric Double*.)

Empfang und Verteilung von Energie im Scheitel-Chakra nach C. W. Leadbeater. (Zentrum über dem Scheitelpunkt des Kopfes, aus Powell, *The Etheric Double*.)

Symbole der Chakras

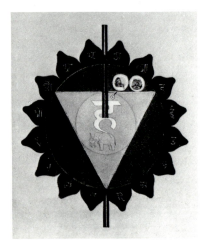

Ajna oder Stirn-Chakra

In traditionellen indischen Lehren werden die Chakras wie ein Mandala rad- oder blütenförmig dargestellt. Der Kreis enthält ein Sanskrit-Zeichen, das den primären „Ton" des Zentrums darstellt; hinzu kommt ein symbolisches Tier, z. B. der Elefant oder die Antilope, und ein Gott oder eine Göttin. Die Tiere stellen den Charakter der Kräfte dar, die sich im Chakra manifestieren, und Götter und Göttinnen symbolisieren die göttlichen Energien höherer Natur, die jene begleiten. Der Kreis ist von Blütenblättern in verschiedener Anzahl umgeben; auf jedem Blütenblatt befindet sich eine Sanskrit-Silbe, die eine bestimmte Frequenz bzw. einen mystischen Klang repräsentiert, der mit dem Hauptklang im Mittelpunkt des Kreises harmoniert. Die Blütenblätter sind ein Ausdruck der Kraft und ihrer sichtbarer Auswirkung in der Materie.

In der Bibel dient das Symbol des Rades oder Siegels zur Darstellung der Kraftzentren oder Chakras im feinstofflichen Körper des Menschen. Es ist bezeichnend, daß Johannes diese Siegel auf der Rückseite des Lebensbuches und nicht auf der Vorderseite plaziert, wie ein astrales Medium sie sehen würde. Jede in der Offenbarung des Johannes erwähnte Gemeinde

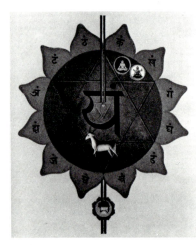

Vishuddha oder Kehl-Chakra

Anahata oder Herz-Chakra

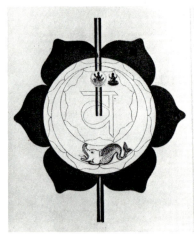

Manipura oder Solarplexus-Chakra

Svadhisthana oder Sacral-Chakra

Muladhara oder Basis-Chakra

entspricht einem Hauptchakra der Wirbelsäule: die Gemeinde in Ephesus dem Basis-Chakra, die in Pergamon dem Sacral-Chakra, die Gemeinde von Smyrna dem des Solarplexus, die in Thyatira dem Herz-Chakra, die Gemeinde in Sardes dem Kehl-Chakra, die in Philadelphia dem Stirn-Chakra und die Gemeinde von Laodicea dem Scheitel-Chakra.

An den fünf unteren Chakras sitzen insgesamt 48 Blütenblätter; wenn diese sich im zweiblättrigen Lotos des Ajna-Zentrums vereinigen, dann entsteht die Zahl 50 – die Zahl der vollkommenen Persönlichkeit. Fügt man die 96 zusammengesetzten Blütenblätter der beiden Hälften des Ajna-Zentrums den 48 Blütenblättern der fünf unteren Zentren hinzu, dann entsteht die Zahl 144: ein Symbol für die Vollendung der Arbeit, die das untere Selbst zu einer perfekten Vereinigung mit der Seele führt. Multipliziert man 144 mit der Zahl 1000 – der Zahl der Blütenblätter des Scheitel-Chakras –, erhält man die Zahl der Geretteten in der Offenbarung des Johannes. Die Zahl 144 000 ist ein Symbol für die vollständige Umwandlung des Menschen, der dann vor Gott stehen kann.

len durch das Scheitel-Zentrum wirkt. Die Persönlichkeit wirkt durch die unteren Chakras: das des Sonnengeflechts, das Sacral- und das Basis-Chakra. Im Prozeß der Evolution überträgt der Mensch Energien des Basis-Chakras zum Scheitel-Zentrum, Energien des Sacral-Chakras zur Kehle und die des Solarplexus zum Herzen. So wird der physische Wille-zum-Sein an der Basis der Wirbelsäule in den spirituellen Willen-zum-Sein im Scheitel-Zentrum aufgenommen. Die Energien der Fortpflanzung werden zum höheren kreativen Zentrum des Kehlkopfes emporgehoben, und die selbstsüchtigen individuellen Triebe und Wünsche des Solarplexus werden in das Gruppenbewußtsein im Herzen verwandelt. (Bailey, *Esoterisches Heilen.*)

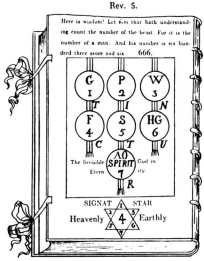

Linke Seite:
Symbole der Chakras. (Sir John Woodroffe, *The Serpent Power,* Madras 1972.)

Diese Seite:
Es gibt die verschiedensten Deutungen der Offenbarung des Johannes, denn wie jedes echte esoterische Dokument ist sie ein Schlüssel zum Wissen auf verschiedenen Gebieten. Wer die Ermahnung des Orakels zu Delphi „Erkenne dich selbst" ernstnimmt, für den ist die Offenbarung ein Lehrbuch der feinstofflichen Anatomie des Menschen, voll Informationen über die verschiedenen Körper der Persönlichkeit, der Seele und des Geistes sowie über die Chakras. (Illustration der Rosenkreuzer von den sieben Siegeln, aus *A Christian Rosenkreutz Anthology.*)

In dieser Zeichnung sind die sieben Hauptchakras als Lotosblüten dargestellt, allerdings ohne für jedes Zentrum die richtige Anzahl von Blütenblättern anzugeben. Es wird aber die Spiegelung der Spirituellen Triade im unteren Selbst gezeigt, die mit den Energien der Liebe durch das Herz-Zentrum, mit Intelligenz durch das Kehlkopf-Zentrum und mit Wil-

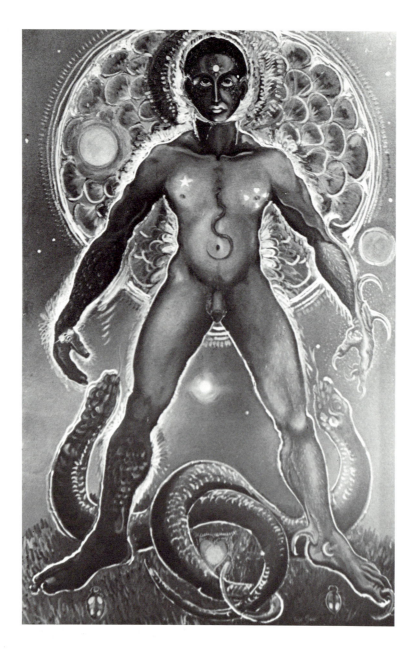

auf und brennt dabei die schützenden ätherischen Netze weg, die entlang der Wirbelsäule zwischen den Chakras liegen. Der Aufstieg der Kundalini ist nur dann gefahrlos, wenn die Monade durch die Kraft zielgerichteten Denkens Kontrolle über die Fahrzeuge des unteren Selbst hat. Menschen, die versuchen, diese Energie zu erwecken, bevor sie in ihrer Entwicklung fortgeschritten sind, scheitern an ihrer Unwissenheit. Die Begleiterscheinungen eines gescheiterten Versuchs sind oft tiefe psychische und körperliche Störungen. C. G. Jung betonte die Gefahren für Menschen des Westens, die bestimmte östliche Techniken spiritueller Entwicklung anwenden. Er tat dies, weil der östliche Mensch durch *Tamas* oder Trägheit charakterisiert ist (dies ist in Indien besonders deutlich), und die hervortretende Eigenschaft des westlichen Menschen *Rajas* oder strebende Aktivität ist. Die spirituellen Übungen, die aus Indien kommen, sollen den Aspiranten zur Aktivität wecken und ihn stimulieren. Wenn ein westlicher Schüler solche Übungen ausführt, beschwört er Unheil in Form einer Überreizung seiner inneren Natur herbei, die in unserer gegenwärtigen Gesellschaft durch ein Übermaß an Wetteifer gekennzeichnet ist.

Hier ist die psychische Natur des Menschen mit ihren positiven und negativen Aspekten auf der linken und rechten Seite des Körpers dargestellt. Um den Kopf herum befindet sich die telepathische Aura, in der die Schlangen der Weisheit eingerollt liegen. Zwischen den Schlangen liegt das Herz der universalen Bewußtheit und Liebe, und im Bereich des Solarplexus liegt eine kleinere Schlange, die übersinnliche Fähigkeiten symbolisiert. Ein Skorpion auf der rechten Hand weist auf die eingeschlossene Weisheit zusammen mit destruktiven Kräften hin. An der Stelle des Herzens deuten vier kleinere Herzen Empathie und Mitgefühl in vierfacher Form an. (Beherrschung der Macht, Gemälde von Ingo Swann, USA, 1964.)

Die Schlange als Symbol spiritueller Kraft

In fast allen Lehren, besonders in denen Indiens, taucht die Schlange als Symbol sich erneuernder spiritueller Energien auf. Die sogenannte Kundalinikraft ist die Primärkraft, die alle Formen mit Energie auflädt. Beim Menschen wird sie als ein mystisches Feuer elektrischer Natur beschrieben, welches zusammengerollt am Grunde der Wirbelsäule ruht. Wenn es geweckt wird, steigt es in spiralförmigen Bewegungen an der ätherischen Wirbelsäule

Das Symbol der orphischen Mysterien ist die Schlange, die den entschlossenen kreativen Geist darstellt. Sie windet sich um ein Ei, das Symbol des Kosmos, aber auch der Seele des Philosophen. (Das orphische Ei, nach J. Bryant, *An Analysis of Ancient Mythology,* 1774.)

In Afrika wie in vielen anderen Ländern ist die Schlange ein Symbol der Kraft. Nach traditioneller Auffassung werden Erdbeben durch die Geisterschlange verursacht, die sich durch ihr unterirdisches Reich bewegt. In früherer Zeit opferten afrikanische Bergleute vor ihrer Arbeit Tiere, um diese Gottheit zu versöhnen. Der Anthropologe, Archäologe und Museumsdirektor Adrian Boshier kam im Alter von 16 Jahren von England nach Südafrika. Er wurde vom Busch angezogen und verbrachte dort zehn Jahre. Er streifte zu Fuß umher, übernachtete in Höhlen und ernährte sich von den Früchten des Landes. Seine Suche nach Wissen führte ihn unweigerlich zu den Medizinmännern der verschiedenen Stämme. Er kann mit Giftschlangen umgehen, und deshalb überrascht es nicht, daß er bei seiner Initiation als *Sangoma* ein Stirnband mit dem Schlangenmotiv trägt. Um seinen rechten Arm windet sich eine Schlange aus Metall, die spirituelle Kraft und Führung symbolisiert.

Die sehr magnetisiert erscheinende Schlange auf dem Kopf des Pharao ist so plaziert, daß ihr Schwanz die Medulla (das verlängerte Rückenmark) berührt und die kräftigen Energien der Wirbelsäule in die Hirnanhangdrüse und von da nach oben in die Zirbeldrüse zieht. Sie soll die psychischen Kräfte in den höheren Chakras sublimiert halten. (Kopf Amenophis III., Relief, Theben, Ägypten, ca. 1380 v. Chr., Staatliche Museen, Berlin.)

Die spirituelle Kraft wird durch die Schlange symbolisiert, die sich um die Säule windet und den hl. Symeon den Styliten anblickt, der in Meditation versunken ist. (Goldbrosche, Syrien, 6. Jh., Louvre, Paris.)

Die Seele

Ein Mandala stellt die Seele des Menschen symbolisch als eine um einen Mittelpunkt kreisende, konzentrierte spirituelle Kraft dar. In einigen Lehren wird sie als Lotos beschrieben, dessen Blütenblätter bestimmte Energien symbolisieren. Taoistische Autoren haben sie als Goldene Blüte bezeichnet und damit ihre sonnenähnliche Strahlung angedeutet. Jakob Böhme bezeichnete sie als das „philosophische Auge". Der Mystiker erlebt seine Seele oft als Licht. Eine sehr anschauliche Beschreibung gibt der hl. Gregor Palamas, der über die Vision des Apostels Paulus schrieb: „Paulus sah ein Licht ohne Grenzen nach oben oder unten oder zu den Seiten; das Licht, das ihm erschien und ihn umgab, war grenzenlos. Es war wie eine Sonne, die unendlich viel heller und größer als das Universum war; und in der Mitte dieser Sonne stand er, der zu einem einzigen Auge geworden war."

Die Seele kann als Licht gesehen und erfahren werden, dessen Strahlung hervortritt, wenn die Körper des unteren Selbst einen solchen Zustand der Reinheit und Transparenz erreicht haben, daß nichts den Ausfluß des Lichtes verhindert.

Diese Seite:
Auf diesem von der christlichen Lehre inspirierten Gemälde ist die Seele als eine kindliche, unschuldige Gestalt dargestellt, die von zwei Engeln zu Gott emporgetragen wird. Die Gottheit thront im Mittelpunkt eines Lichtmandalas, das von zwölf Engeln umgeben ist. (Die Seele des hl. Bertinus wird zu Gott emporgetragen, Gemälde von Simon Marmion, Frankreich, 15. Jh., National Gallery, London.)

Das Abwiegen der Seele mit einer Feder kann eher wörtlich als symbolisch gemeint sein. Gewisse esoterische Schulen lehren, daß die Seele um so schwerer wird, je mehr Feedback verdienstvoller Leben in verschiedenen Inkarnationen sich in ihr anhäuft. Es wurde beobachtet, daß im Moment des klinischen Todes, wenn sich die inneren Körper aus der körperlichen Form zurückziehen, ein meßbarer Gewichtsverlust eintritt. (Wiegen der Seele, aus dem Ägyptischen Totenbuch, Papyrus, Ägypten, ca. 1450 v. Chr., British Museum, London.)

Rechte Seite:
Ein Diagramm des Mandalas der Seele mit den zwölf Blütenblättern um einen zentralen Energiepunkt, der oft als Juwel im Lotos bezeichnet wird. Die drei äußeren Blütenblätter repräsentieren die Energie der aktiven Intelligenz; dann kommen die Blütenblätter der Liebe, die sich auf den Liebe-Weisheit-Aspekt der Monade beziehen; zwischen diesen und den dreien, die das Juwel im Mittelpunkt umgeben, liegen die Blütenblätter des Opfers oder Willens. Auf der Ebene des abstrakten Geistes wird das Fahrzeug der Seele als Kausalkörper bezeichnet. Es entspricht symbolisch dem oberen Zimmer, in dem die Jünger mit Christus beim letzten Mahle saßen. Die zwölf Blütenblätter um den zentralen Punkt dynamischer Energie entsprechen den Jüngern, die sich um Christus scharen. Die drei inneren Blütenblätter öffnen sich erst, wenn der Mensch weiter fortgeschritten ist. Für uns symbolisieren sie den physischen, astralen und mentalen Körper des Menschen. Als Personen entsprechen ihnen Petrus, Jakobus und Johannes, die bei Jesu Verklärung anwesend sein durften. Es wird auch eine Analogie sichtbar zwischen den zwölf Blütenblättern und den zwölf Tierkreiszeichen. Diese repräsentieren die Summe der Erfahrungen, die die menschliche Seele machen muß. Weitere Entsprechungen sind die zwölf Grundsteine und die zwölf Tore der Stadt des Friedens. Vielleicht stehen die zwölf Gehirnnerven in direkter Verbindung mit den verschiedenen Energien der Seele. Das Diagramm zeigt auch einen weiteren, sehr vitalen Faktor der feinstofflichen Menschen: die Antaskarana oder Regenbogen-Brücke, die die Persönlichkeit über die Spirituelle Triade direkt mit der Monade verbindet. Diese Struktur – die biblische Jakobsleiter – wird durch die gemeinsame Anstrengung der Seele und der Persönlichkeit aufgebaut, um die Kluft zu überwinden, die im Bewußtsein zwischen den Ebenen des konkreten und des abstrakten Verstandes existiert. Eine sinnvolle physiologische Analogie ist der synaptische Spalt: der Zwischenraum zwischen den Dendriten zweier Neuronen im Nervensystem. In unserem Körper überbrückt der Nervenimpuls diesen Spalt durch eine chemische Reaktion. In der Gesamtheit unseres Seins wird dieser Spalt durch eine innere Alchimie überbrückt, die durch Meditation und die klare Absicht zu dienen in Gang gesetzt wird. (The Egoic Lotus, Bailey, *Treatise on Cosmic Fire*.)

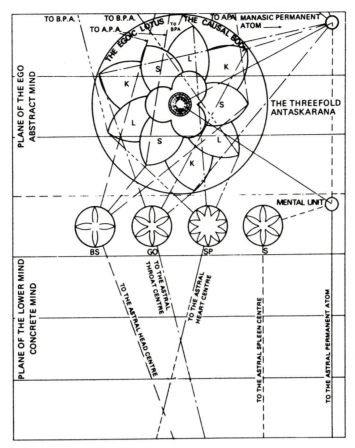

Während die Aura des niederen Selbst ständig ihre Farben und Strukturen verändert, bleibt der Archetyp oder das Klangmuster der Seele trotz einer vitalen Lebendigkeit während einer Inkarnation unverändert. Veränderungen der Struktur des Archetyps finden zwischen Tod und Wiedergeburt statt, wenn die guten, kreativen und konstruktiven Essenzen des vergangenen Lebens in sie hineingebaut werden. Diese einzigartigen Bilder wurden von einer Künstlerin gemalt, die diese Phänomene auf der Seelenebene beobachten konnte. Dem Eingeweihten, der die Bedeutung der Symbole innerhalb der Strukturen des Archetyps lesen kann, enthüllt sich unmittelbar die Natur der Seele. (Die Archetypen von Sir Winston Churchill und Mme Tschiang Kai-scheck, Gemälde von Nancy Lonsdale, aus Heline, *The Archetype Unveiled.*)

Meditation und Gebet

Durch Gebet und Meditation verbindet der Mensch sein niederes Selbst mit der Seele und schließlich mit dem Geist, der in ihm wohnt. Durch Beständigkeit, Liebe und Geduld lernt er, die psychischen Kräfte des Bewußtseins zu erkennen und zu kontrollieren, Energie von den negativen und destruktiven Tendenzen des niederen Selbst fernzuhalten und konstruktive Qualitäten zu entwickeln. Durch diesen Prozeß, der sich über viele Inkarnationen hinzieht, wird jeder Körper der Persönlichkeit gereinigt und auf die innere spirituelle Realität gerichtet. Viele Lehrer empfehlen die Wiederholung des göttlichen Namens oder eines Mantras, um Konzentration und Stille des Bewußtseins zu erlangen; andere lehren, daß die permanente Visualisierung gewisser Symbole zur Einheit mit Gott führt. Welche Methoden der Aspirant auch benutzt, schließlich wird ihm klar, daß er durch die Form seiner spirituellen Übungen zur dahinterliegenden Realität vorstoßen muß. Meister Eckhart schrieb: „Wer Gott in einer festgelegten Form sucht, der ergreift die Form und versäumt den in ihr verborgenen Gott."

Es ist allgemeine Praxis für den Mystiker, die Einsamkeit zu suchen, um seine Gemeinschaft mit Gott zu vertiefen. Viele haben sich dafür entschieden, wie der Säulenheilige Symeon auf der Spitze einer Säule zu sitzen, um zu beten und zu meditieren. (Der Säulenheilige St. Alypios, Ikone von Konstantin Kantoris, Korfu, 1716.)

Beten, so wird gesagt, heißt vor Gott stehen, um in eine direkte, persönliche Beziehung mit ihm zu treten. Es ist weniger eine Aktivität zu bestimmten Zeiten als ein Eintreten in die Stille mit einer Haltung der Wachheit und beständigen Aufmerksamkeit auf der höchsten Bewußtseinsstufe. Der syrische Mönch Isaac von Niniveh schrieb: „Jeder Mensch, der sich in vielen Worten ergeht, selbst wenn diese bemerkenswert sind, ist innerlich leer. Wenn du die Wahrheit liebst, dann lerne die Stille lieben. Die Stille wird dich wie das Sonnenlicht in Gott erleuchten und von den Phantomen der Unwissenheit befreien." (Fra Antonio im Gebet, Serra San Bruno, Italien.)

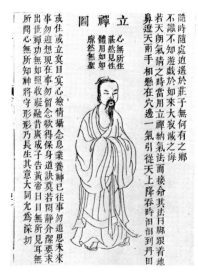

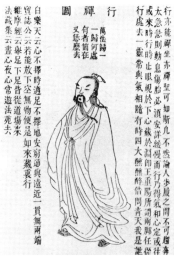
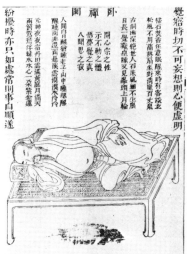

Menschen, die die Kunst der Meditation beherrschen, können eine hohe Stufe bewußter Wahrnehmung ihrer inneren Arbeit aufrechterhalten, während sie ihrer täglichen Beschäftigung nachgehen. Es ist möglich, allmählich eine Kontinuität der Bewußtheit im Wach- und Schlafzustand zu erreichen. Der Adept ist sich seines Tuns innerhalb und außerhalb des physischen Körpers 24 Stunden am Tag bewußt. Schließlich bewegt er sich mit gleichmäßiger Aufmerksamkeit und Leichtigkeit durch den Kreislauf von Leben und Tod, ohne die Kontinuität seines Bewußtseins zu unterbrechen. (Meditation im Stehen, Sitzen, Gehen und Liegen, Buchillustration, China, Bibliothèque Nationale, Paris.)

Meditation ist der Weg, auf dem man sich von den peripheren Spannungen und Stürmen der Persönlichkeit auf das innere Zentrum der Ruhe und Stille zurückzieht. Der weise Mensch kehrt seine Sicht nach innen auf das Licht der Unsterblichkeit.

Der Weg der Initiation

Wenn sich der Mensch entwickelt, geht er von einem Bewußtseinszustand zu einem anderen über. Die letzte Phase seiner Reise wird oft als Initiationsweg bezeichnet, den die meisten Religionen in fünf Stufen oder Krisenpunkte einteilen. Nirgendwo ist dies deutlicher geworden als im Leben Christi. Jeder seiner Initiationen ging eine Reise voran. Die 1. Initiation ist die Geburt im Stall oder der Höhle zu Bethlehem; sie symbolisiert die Geburt Christi im Herzen des Menschen, der nun von seiner Seele zu einem neuen Leben aufgerufen ist. Die 2. Initiation ist die Taufe im Jordan; sie zeigt an, daß der Reinigungsprozeß des niederen Selbst abgeschlossen ist. Der Mensch ist nun bereit, in einen Zyklus intensiver äußerer Aktivitäten einzutreten. Die 3. Initiation symbolisiert die Unterwerfung der niederen Natur unter die Ziele der Seele – „und sein Angesicht leuchtete wie die Sonne (Seele), seine Kleider (Aura) aber wurden weiß wie das Licht." Die anwesenden Jünger, Petrus, Jakobus und Johannes, symbolisieren den physischen, astralen und mentalen Aspekt seiner menschlichen Natur, die sich gerade unterhalb des Gipfels des Berges der Verklärung befindet. Bei der 4. Initiation, der Kreuzigung, symbolisiert Christus den kosmischen Geist, der an das Kreuz der Materie genagelt wird und zwischen Himmel und Erde hängt. Deutlich zeigt er seine Rolle als Vermittler zwischen diesen beiden Aspekten der Schöpfung. Er gründet so das himmlische Königreich auf Erden. Die 5. Initiation besteht aus Auferstehung und Himmelfahrt. Zuerst beweist Christus, daß der Tod überwunden werden kann, wenn die Göttlichkeit voll durch die menschliche Form ausgedrückt wird. Seine Himmelfahrt markiert den Höhepunkt des Dramas des Bewußtseins, das sich vor den Augen der Menschen enthüllt und vollendet hat und zu Nachfolge aufruft.

Linke Seite:
Die mystische Geburt, Gemälde von Sandro Botticelli, Italien, 15. Jh., National Gallery, London.

Die Taufe Christi, Gemälde von Piero della Francesca, Italien, 15. Jh., National Gallery, London.

Die Verklärung, Gemälde von Fra Angelico, Italien, 15. Jh., San Marco, Florenz.

Diese Seite:
Die Kreuzigung, Gemälde von Antonello da Messina, Italien, 15. Jh., National Gallery, London.

Die Auferstehung, Gemälde von Ugolino di Nerio, Italien, 14. Jh., National Gallery, London.

Die Himmelfahrt, Gemälde von Orcagna, Italien, 14. Jh., National Gallery, London.

93

Der Quantensprung des Bewußtseins

Erleuchtung ist kein schrittweiser Prozeß, sondern ein plötzlicher Sprung. Diese Bewegung von einem Bewußtseinszustand in einen anderen ist oft durch zwei Faktoren charakterisiert: durch eine akute innere Spannung und eine spirituelle Qual und einen oft dramatischen Durchbruch der Persönlichkeit zu einem höheren Bewußtsein. Meditation und Gebet können die Spannung erhöhen, wenn sie richtig eingesetzt werden. Ein anderes Mittel sind die *Koans* des Zen, durch die der intellektuelle Verstand mit einem Problem in die Enge getrieben wird, das er mit dem normalen Denken nicht lösen kann. Don Juan und Don Genaro flüstern Castaneda gleichzeitig ins Ohr und rufen dadurch eine große innere Spannung hervor, die ihn in einen erweiterten Bewußtseinszustand stoßen soll. Der indische Heilige Sri Ramakrishna sprang in totaler Verzweiflung aus seiner Meditation auf und riß ein Schwert von der Wand des Tempels, um sich zu töten – in diesem Moment erlangte er die Erleuchtung.

Die Zulu nennen diesen Punkt außerhalb von Raum und Zeit das „Tor der Ferne". In den Upanishaden heißt es: „Wo Himmel und Erde sich berühren, gibt es einen Raum so breit wie eine Messerschneide oder die Flügelkante einer Fliege, durch den man in eine andere Welt gelangen kann."

Der Aspirant der Weisheit geht durch das Tor der Initiation vom Alltagsbewußtsein des niederen Selbst in eine andere Welt gesteigerten Bewußtseins. Danach ist er ein anderer. Der Sprung von einem Zustand in einen anderen ist mit Selbstnegierung verbunden; man wirft sein Selbst in die Leere der Schöpfung, in einen Zustand der Bildlosigkeit. Es bedeutet, so sagt Benet of Caulfield, daß man im Abgrund des Göttlichen Wesens wohnt, daß man durch Vernichtung zur Nichtigkeit der Dinge zurückkehrt. So stirbt die Persönlichkeit des Menschen symbolisch zur Seele des Christusbewußtseins hin. Paradoxerweise entsteht aus Nichtigkeit und Vernichtung der Neue Mensch in seiner ganzen Fülle. Jesus weist wie die Zen-Meister darauf hin, daß wir unmittelbar in diese Welt des erweiterten Bewußtseins gehen können, wenn wir die *Gegenwart* erkennen.

„Wenn ihr im Geiste seid, untersteht ihr nicht mehr dem Gesetz", sagte Jesus. Er meinte damit das Gesetz der Illusionen und Begrenzungen des menschlichen Glaubens und Denkens. Ein Zen-Meister würde sagen, daß du schon erleuchtet bist, du hast es nur noch nicht erkannt. „Seid achtsam und wachet", sagte Jesus: Wendet euch von der Welt der Illusionen ab, in der ihr lebt, und „seht" die Welt der Realität und laßt euch nun von ihr leiten; tretet in die Leere des geistigen Bewußtseins ein, denn in der Leere liegt die Fülle der Schöpfung.

Obwohl äußere Hilfsmittel wie Drogen die Illusion eines erweiterten spirituellen Bewußtseins schaffen können, fügen sie den feinstofflichen Körpern unsagbaren Schaden zu. Der Mensch muß seinen Weg aus eigener Anstrengung finden. Er kann sich von den Lehren der Vergangenheit leiten lassen und auf seine innere Stimme hören. In der *Lankavatra Sutra* wird gesagt, daß man durch Konzentration der Gedanken oder Energien des mentalen Körpers fliegen und im Himmel wiedergeboren werden kann. In einem chinesischen Text heißt es: „In der Stille des Morgens fliegst du nach oben." Die Konzentration der Wünsche oder Energien des Astralkörpers führt anscheinend zum Fall. (Traum von der Unsterblichkeit in einer strohgedeckten Hütte, Stellbild, wahrscheinlich von Chou Ch'en, China, 16. Jh., Smithsonian Institute, Freer Gallery of Art, Washington, D.C.)

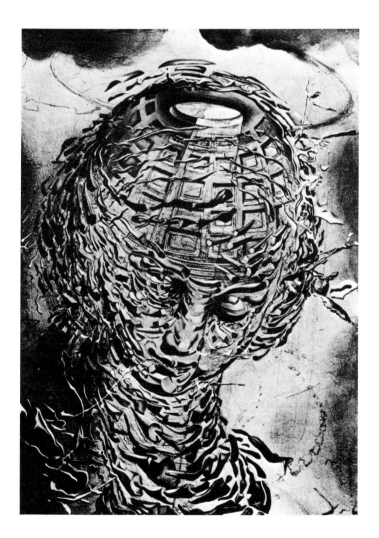

Der Künstler Yves Klein beim „Sprung in die Leere", einer körperlichen Erkundigung des Raumes, bei der er ernste Verletzungen und sogar den Tod riskiert. Er versucht die Gefühle einzufangen, die diesen Sprung auf höhere Bewußtseinsebenen begleiten. (Sprung in die Leere, Aktion von Yves Klein, Frankreich, 1961.)

Wenn der Aspirant symbolisch am Rande des Abgrunds steht und in die Leere blickt, weiß er, daß ihm das Aufgesaugtwerden in die Endlosigkeit bevorsteht. Fühlt er, daß sein Wesen zersplittern wird. In *Der Ring der Kraft* erfaßt Castaneda das Wesen dieser Erfahrung, als er von seinem Abstieg spricht, wobei er wie ein fallendes Blatt hin- und herschwebt und sein Kopf sich völlig schwerelos anfühlt. Sein ganzes auf einen Punkt konzentriertes Sein schien in tausend Stücke zu zerspringen, und doch war er die Bewußtheit selbst. (Fragmentierter Kopf nach Raphael, Gemälde von Salvador Dali, Spanien, 1951, Privatsammlung, England.)

Literatur

Avalon, Arthur, *Die Schlangenkraft,* München [3]1978.

Bailey, Alice A., *Eine Abhandlung über Kosmisches Feuer,* Bietigheim 1982; *Telepathie und der Ätherkörper,* Bietigheim [2]1971; Eine Abhandlung über die Sieben Strahlen, Bd. 4: *Esoterisches Heilen,* Bietigheim [3]1983; *Briefe über okkulte Meditation,* Bietigheim [2]1973.

Besant, Annie, *Man and his Bodies,* Madras 1960.

Böhme, Jakob, *Aurora oder die Morgenröte im Aufgang.* Freiburg i. Br. 1977.

Carlson, Rick, *The Frontiers of Science and Medicine,* London 1975.

Castaneda, Carlos, *Die Lehren des Don Juan,* Fischer Tb, Allg. Reihe 1657, Frankfurt a. M. [15]1983; *Eine andere Wirklichkeit,* Fischer Tb, Allg. Reihe 1616, Frankfurt a. M. [10]1983; *Reise nach Ixtlan,* Fischer Tb, Allg. Reihe 1809, Frankfurt a. M. [11]1984; *Der Ring der Kraft,* Fischer Tb, Allg. Reihe 3370, Frankfurt a. M. 1978.

Chang, Chung-Yuan, *Creativity of Taoism,* London 1975.

Deussen, Paul, *Sechzig Upanishads des Veda,* 1980; *Vier philosophische Texte zum Mahabharatam,* 1980.

Hall, Manly Palmer, *Man, Grand Symbol of the Mysteries,* Los Angeles, Calif., 1947.

Heindel, Max, *The Vital Body,* Oceanside, Calif., 1950.

Heline, Corinne, *Occult Anatomy and the Bible,* Oceanside, Calif., 1940.

Heline, Theodore, *The Archetype Unveiled,* Oceanside, Calif., 1965.

Karagulla, Shafica, *Breakthrough to Creativity,* Santa Monica, Calif., 1967.

Kilner, Walter, *The Human Aura,* New York 1965.

Leadbeater, C. W., *Der sichtbare und der unsichtbare Mensch,* Freiburg i. Br. [4]1980; *Die Chakras,* Freiburg i. Br. [5]1984.

Mead, G. R. S., *The Doctrine of the Subtle Body,* Wheaton, Ill., und London 1967.

Milner, D., und E. Smart, *The Loom of Creation,* London 1976.

Powell, A. E., *The Etheric Double,* London 1960; *The Astral Body,* London 1965; *The Mental Body,* Wheaton, Ill., und London 1956; *The Causal Body,* Wheaton, Ill., und London 1956.

Regush, Nicholas, *The Human Aura,* Englefield Cliffs, N. J., 1975.

Rele, V. *The Mysterious Kundalini,* India 1967.

Roberts, Jane, *Die Natur der Psyche,* Genf 1981.

Scott, Mary, *Science and Subtle Bodies,* London 1975.

Steiner, Rudolf, *Eine okkulte Physiologie.* Gesamtausg. Bd. 128, Dornbach [3]1978.

Tansley, David V., *Radionics and the Subtle Anatomy of Man,* Bradford, Devon, 1972; *Radionics — Interface with the Ether Fields,* Bradford, Devon, 1975.

Ware, Archimandrite Kallistos, *The Power of The Name: the Jesus Prayer in Orthodox Spirituality,* London 1974.

Wilhelm, Richard (Hrsg.), *Das Geheimnis der Goldenen Blüte.* Olten/Freiburg i. Br. [15]1982.

Bildnachweis

Die Objekte der Tafeln S. 33–64 befinden sich in folgenden Sammlungen: Bremen, Kunsthalle 40; Colmar, Musée Unterlinden 48; Glasgow, Art Gallery 64; Istanbul, Topkapi Saray Museum 33; Johannesburg, Museum of Man and Science 51; Kyoto, Jingo-ji 49; London, National Gallery 53, 61; New York, Pierpont Morgan Library 41; Paris, Bibliothèque Nationale 34; Philadelphia, Museum of Art 43; Prag, Narodni Galerie 39; Stockholm, National Museum 60; Washington, Smithsonian Institution, Freer Gallery of Art 38.

Fotos: Camnera Press 71, 74, 76; Provost and Fellows, Eton 79 unten; Mary Evans Picture Library 68 unten: Galerie Karl Flinker 45; Louis Fourie 69 r.; Jeremy Grayson 91 unten; George G. Harrap & Co. Ltd. 57; Health Science Press 70 l., 82 oben (2); Pierre Hinch 76 r., 77 unten (2); Hutchinson Publishing Group Ltd. 37; Manly Palmer Hall, Philosophical Research Society 36, 56; Japan Publication Inc. 69 r., Richard Lannoy 77 oben; Lucis Press 19, 80 l., 85 unten, 89 oben; Mansell Collection 62–3, 88 unten; Marlborough Gallery, New York 55; Mas 79 r.; Methuen & Co. 54; Rex Features 65; Editions du Seuil 34; H. Shunk 94 unten; Rudolph Steiner Publications 50, 81 unten, 85 oben; Theosophical Publishing House 31, 52, 81 oben (2), 83 (2); Reprinted by permission of University Books Inc. 19, 30, 67 oben (2), Mitte; Reprinted by permission of Viking Penguin Inc. 80 unten r., John Webb 53, 61; Samuel Weiser Inc. 24, 42; Wildwood House Ltd. 58, 59.